培根铸魂，育人育心

走近名师，学习名师，成为名师

衡中教师工作手册

HENGZHONG JIAOSHI GONGZUO SHOUCE

心理教师篇

康新江　王丽娜◎主编

人民日报出版社

图书在版编目（CIP）数据

衡中教师工作手册．心理教师篇 / 康新江，王丽娜主编．-- 北京：人民日报出版社，2019.6
ISBN 978-7-5115-6068-1

Ⅰ．①衡… Ⅱ．①康… ②王… Ⅲ．①中学生－心理健康－健康教育－衡水－手册 Ⅳ．① G635.1-62 ② G444-62

中国版本图书馆CIP数据核字（2019）第 105545 号

书　　名：	**衡中教师工作手册．心理教师篇**
作　　者：	康新江　王丽娜
出 版 人：	董　伟
责任编辑：	郭晓飞
封面设计：	艺　和
出版发行：	人民日报 出版社
社　　址：	北京金台西路2号
邮政编码：	100733
发行热线：	（010）65369527　65369846　65369509　65369510
邮购热线：	（010）65369530　65363527
编辑热线：	（010）65363486
网　　址：	www.peopledailypress.com
经　　销：	新华书店
印　　刷：	大厂回族自治县彩虹印刷有限公司
开　　本：	710mm×1000mm　　1/16
字　　数：	250 千字
印　　张：	14.25
印　　次：	2019 年 7 月第 1 版　　2019 年 7 月第 1 次印刷
书　　号：	ISBN 978-7-5115-6068-1
定　　价：	45.00 元

名师编委会

主　编：康新江　　王丽娜
副主编：王江妹　　樊春博　　潘宿奎
　　　　苏　乐　　杨　晨　　王　鹏
　　　　安茂森

目 录

第一章 学校心理健康教育的相关概念

第一节 学校心理健康教育的基本概念 /001

第二节 心理健康教育的功能、目标及原则 /004

第三节 高中生各阶段的心理特点 /009

第四节 高中生常见心理问题 /013

第五节 心理健康教育工作与德育工作的联系与区别 /016

第六节 心理健康教育工作与思想政治工作的联系与区别 /018

第二章 开展心理健康教育工作的途径

第一节 学校心理健康教育队伍建设 /022

   附：心理健康教育教师队伍建设模式

第二节 心理咨询室的建立与管理 /027

   附：心理咨询室咨询制度及原则

第三节 心理活动课的设计与操作 /033

   附：心理活动课教学设计

第四节 班级心理委员制度的运行 /054

　　　　　　　附：班级心理委员模式开展方案
　第五节　学生心理档案的建立与管理 /060
　　　　　　　附：学生心理档案管理制度
　第六节　心理危机及其干预机制 /064

第三章　特色活动课程资源开发

　第一节　校本选修课程开阔学生视野 /068
　　　　　　　附：心理健康教育校本课程简介
　第二节　心理社团激发学生正能量 /075
　第三节　校园心理剧演绎心路历程 /080
　　　　　　　附1：校园心理剧剧本征集活动
　　　　　　　附2：校园心理剧大赛方案
　　　　　　　附3：校园心理剧剧本
　第四节　心理文化节丰富学生内心世界 /124
　　　　　　　附1："阳光心灵，快乐成长"第二届心理文化节活动方案
　　　　　　　附2：第二届心理文化节之"心理漫画"征集活动
　　　　　　　附3：第二届心理文化节系列活动之"优秀心理板报"评选活动
　　　　　　　附4：第二届心理文化节之"我心中的幸福衡中"主题绘画征集活动
　第五节　心理专题报告激发学生内在潜能 /130
　第六节　关注教师心理健康，播种幸福教育 /131
　　　　　　　附1：教师阳光心理素质拓展训练课简介
　　　　　　　附2：教师阳光心理素质拓展训练活动设计
　　　　　　　附3："我爱我家"活动方案

第七节　家校联动丰富心理健康教育资源 /144

　　　　附：家庭教育主题论坛家长发言实录

第四章　高中生常见心理问题及应对策略

第一节　入学适应性问题 /158

第二节　学习困惑类问题 /166

第三节　人际交往问题 /179

第四节　情绪调控问题 /189

第五节　自我意识问题 /207

第一章
学校心理健康教育的相关概念

第一节　学校心理健康教育的基本概念

对于学校心理健康教育的基本概念，无论是学术界、大众媒体，还是社会公众或学校的实际工作者，一直都存在着称谓混乱的问题。这种现象表明人们对学校心理健康教育工作存在某些理解上的不同，同时这种状况已经影响到学校心理健康教育的实践。因此，对学校心理健康教育的基本概念做一些辨析是非常必要的。

学校心理健康教育具体是指教育者根据学生的生理、心理发展特点，运用心理学、教育学及其相关学科的理论与技术，通过心理健康教育课程、心理健康教育活动、学科渗透、心理辅导与咨询以及优化教育环境等有关心理健康教育的途径和方法，帮助学生解决成长过程中的心理问题，促进全体学生心理素质提高和心理机能健康发展的一类教育活动。

学校心理健康教育是学校心理健康教育领域中最重要的概念，但同时也是称谓最为混乱的一个基本概念——虽然在目标、内容、形式和方法等方面都大同小异，但在提法上却有相当大的不同。比较常见的主要有两类：一类是基于"心理"与"教育"相结合的称谓，如心理教育、心理素质教育、心理品质教育、心理卫生教育、心理健康教育等；另一类则是沿用了传统的临床心理学的专业术语，如心理辅导、心理咨询、心理治疗、心理卫生等。其中最为常用和较集中使用的有心理健康教育、心理教育、心理素质教育和心理辅导、心理咨询等。

一、心理教育、心理素质教育与心理健康教育

"心理教育"和"心理素质教育"这两种称谓在本质上是一样的，都是素质教育概念的具体化，都是作为素质教育的一部分。这种基于素质教育的内涵及思想道德素质、科学文化素质、身体素质等的称谓，无疑具有时代性，内容上也能与德、智、体形成呼应。心理健康教育与心理素质教育相比有其特定

的内涵，其目标、内容、途径等都有一定的特殊性和针对性。

从途径上看，在整个学校教育系统中，心理素质教育是一个十分宽泛的概念，可以说是无处不在、无时不有，各门学科、各项活动、各种途径都能培养学生的心理素质；而心理健康教育除了一些必要的基本途径外，有针对性地运用心理辅导、心理咨询乃至心理治疗的途径和方法。从目标和内容上看，心理素质教育主要是提高全体学生共性的心理品质，而心理健康教育着重于学生心理机能的健康发展和充分发挥，它在培养学生心理素质的同时，还担负着维护学生心理健康乃至心理治疗与康复的任务。

心理健康不等于心理素质，心理健康状况与心理素质高低也不是完全的对应关系。因此，如果用心理素质教育概念来代替或等同心理健康教育概念，那就回避了心理健康教育的特殊性和针对性。

二、心理辅导、心理咨询与心理健康教育

对于"心理辅导"和"心理咨询"，这两个概念不能代替或等同于心理健康教育。学校心理健康教育是大教育视野、大教育观念中的一种教育活动，其内涵与心理辅导、心理咨询相比要丰富得多，它可以涵盖辅导、咨询等其他助人活动。

心理咨询则是心理辅导的一部分，面对的是有轻、中度个人问题的正常学生，其功能往往是补救性的，其方式、方法一般是个别进行的。在学校中，心理健康教育不仅要面对少数问题学生，而且要面向全体学生；不仅有特定的心理辅导或一对一的心理咨询，而且还包括大量的各种课程、课外活动，甚至还要担负起向全社会宣传心理健康教育以及指导家庭、社区开展心理健康教育的任务。可见，心理辅导、心理咨询只是学校心理健康教育的一种途径、一种方式方法，并非学校心理健康教育的全部。

近年来，学校、家庭、社会、大众媒体等对学生群体的心理健康状况都给予了前所未有的关注，但是在对学生心理行为以及心理健康状况进行评价时存在错误认知，往往存在着滥用临床心理学名词术语的现象。对此我们有必要对心理问题、心理障碍、心理疾病、心理异常等概念进行区分和再认识。

心理问题，有广义与狭义之分。广义的心理问题指的是包括心理障碍、心

理疾病在内的个体所有的心理问题，通常还有轻、中、重度之分，一般性与特殊性之分；狭义的心理问题是指个体由于外部影响或内部失调而引起的暂时性的心理失衡现象，如因被教师批评、考试失败、同学误解等而导致的困惑、疑虑、苦闷与迷惘等。狭义心理问题的发生率很高，可以说每个人在成长过程中都会不时出现这类问题，但出现这类问题的人其心理功能并未受到明显的影响，因此并未构成心理障碍或心理疾病。目前大中小学生的心理问题大都是此类心理问题，或叫作一般性的心理问题。

心理障碍，是心理功能发生局部障碍的表现。产生心理障碍的人通常会在从事某些活动时有一些明显的不适表现，反应方式出现异常，适应水平显著下降，活动效果受到严重影响。有各种心理障碍的人数通常占总人数的百分之几，这些人必须靠"他助"才能康复。

心理疾病，是心理功能出现严重障碍的表现。当事人的自我调节能力和适应能力十分低下，活动能力部分丧失，基本上无法维持正常的学习、生活和工作，如各种精神分裂症、情感性精神病患者等。有严重心理疾病的人数在总人口中占2%左右，一般都需要住院治疗。

从临床角度看，心理障碍、心理疾病都伴随心理症状，心理症状是它们的表现形式。有心理障碍、心理疾病的人都是心理异常的人。

第二节　心理健康教育的功能、目标及原则

心理健康教育是一种有目的、有计划的教育活动，有其独特的功能、目标和任务。作为教育工作者，特别是从事心理健康教育的专业人员，应该对心理健康教育的功能、目标和任务有清楚的认识，这样才能有的放矢地开展工作。

一、心理健康教育的功能

学校心理健康教育的功能主要有三项，即发展性功能、预防性功能和补救性功能。

（一）发展性功能

心理健康教育要促进学生人格健全发展，形成良好的心理品质，提高心理成熟度，增强适应能力，为实现可持续发展打下坚实的基础。这是心理健康教育最重要的功能。

（二）预防性功能

由于个体在成长过程中经常会遇到各种问题，应对这些问题，心理健康教育的另一个重要功能是防患于未然，使学生掌握应付心理危机的方法，帮助他们顺利地解决成长过程中的各种困难，坚强地面对各种挫折和考验，以免产生不必要的心理问题或导致悲剧的发生。

（三）补救性功能

学生在成长过程中，难免会产生一些心理与行为问题，及时通过某种方式帮助他们进行调整和改变，可以解决问题或者避免更为严重的后果，这也正是心理健康教育的另一个功能所在。心理健康教育可以针对学生产生的现实问题提供具体的个别心理咨询和辅导，帮助求助者排除心理困扰，使他们重新自信地面对生活。

二、心理健康教育的目标

从根本上说，心理健康教育的目标首先要服从素质教育的总目标，即要以提高全体国民的素质和民族创新能力为根本宗旨，培养适应社会发展需要的、全面发展的人。具体到学校心理健康教育，就是要使学生的人格得到和谐发展，帮助他们正确地对待自己、接纳自己，认识自己的内在潜力，充分发挥个人潜能；帮助他们确立符合自身发展的积极的生活目标，培养责任感、义务感和创新精神；学会认识环境，正确处理各种人际关系，更好、更快地适应生活、工作和学习环境；掌握社会规范，形成良好的道德品质、积极的人生观和价值观、积极的情绪情感、坚忍不拔的意志品质，养成良好的行为习惯，使他们适应学校生活，为适应未来的社会在能力上和心理上做好准备。

具体来说，心理健康教育的目标包括三方面。

（一）基础目标

心理健康教育的基础目标是防治心理疾病，增进心理健康，使学生学会自我心理保健，掌握有关避免和消除心理健康问题的原则与方法；对自我心理健康状况有正确的认识，能够自我排忧解难，游刃有余地应付生活中的各种挫折和困扰，保持乐观、稳定、积极向上的心态。

（二）基本目标

心理健康教育的基本目标是优化心理素质，促进全面发展。通过对学生的认知品质、情感品质、意志品质及其他各种个性心理品质的培养，使学生的知、情、意、行与社会现实的要求之间有着和谐的适应关系，从而促进其整体素质的提高，实现德、智、体、美诸方面的全面发展。

（三）终极目标

心理健康教育的终极目标是开发心理潜能，达到自我实现。为了培养新世纪的一代新人，不仅要造就他们与未来文化相适应的现代心理素质，更要造就他们与科技进步相适应的创造心理素质，这就需要开发人的心理潜能。现代心理学和脑科学的研究表明，人的心理潜能远未得以开发与利用。现代心理学的研究表明，尽管每一个人都有自己的潜能，但每一个人的潜能得到发展的方向可能是不同的。

三、心理健康教育的原则

如同其他教育工作一样,心理健康教育也是一项复杂的系统工程,具有很强的科学性、知识性、专业性和技术性,在实际开展过程中,必须采取科学的方法和态度。为了使心理健康教育工作能顺利开展并取得预期成效,应遵循一些基本原则,具体细化如下。

（一）教育性原则

在进行心理健康教育的过程中,教育者必须根据受教育者的具体情况,提出积极中肯的建议,始终注意培养他们积极进取的精神,帮助他们树立正确的人生观、价值观和世界观。

（二）主体性原则

心理健康教育的目的,是培养受教育者良好的心理素质,因此,在教育中要遵循主体性原则,不管何种形式的心理健康教育,都必须以受教育者为出发点,使其主体地位得到实实在在的体现。在学校心理健康教育中,要真正做到以学生为主体,要尽可能为学生提供和创造条件,使他们成为心理健康教育中的"主角"。

（三）参与性原则

参与性原则指心理健康教育要以教育者和受教育者的双方参与为条件。一方面要求所有受教育者都积极参与,另一方面要求教育者平等地参与,把教育者在心理健康教育中的科学辅导与受教育者对心理健康教育的主动参与有机结合起来。每个人都有自我表现和人际交往的需要,都渴望自己的内心世界能为他人所了解。因此,在心理健康教育中,要特别注意为每个学生创造机会,使他们都能参与到教育活动中来。教师要特别注意将那些平时不大引人注意的普通学生作为关注的对象,给予他们活动和表现的机会,保证他们的参与。

（四）因材施教原则

不同个体在能力、性格、兴趣、家庭背景等方面都存在明显的差异,这就是我们常说的心理的个别差异。心理的个别差异不仅表现在个体间可能具有不同的心理特点,而且表现在同一特点在不同人身上有不同的发展水平。正因为不同个体在心理上存在着个别差异,所以开展心理健康教育必须依据教育对象的心理发展特点有针对性地因材施教。具体来说，对不同群体进行心理健康教育时，应考虑以下几方面的特点：一是年龄特点。不同年龄阶段的青少年具有不同的身心发展特点。二是个性特点。每个人的成长历程不尽相同，个性特点也是千差万别的。三要根据教育对象的各种行为表现来进行教育。每个人的能力是不一样的，各有所长，也各有所短，要充分发挥他们各自的优势，帮助他们弥补不足，对具有不同心理特点的教育对象采取灵活多样的方法。

（五）活动体验原则

活动体验原则是指心理健康教育要重视通过各种活动，帮助学生内化体验，进而促使其形成良好的心理素质。活动的开展和组织应符合学生的兴趣爱好和年龄特征，活动课程应强化过程、淡化结果，让学生重复参与训练，在多种情境中从多个角度进行训练和练习。

（六）协同性、多样性原则

培养良好的心理素质，提高心理健康水平不是某位教师或管理者个人的事情，不能孤立地进行，更不能把它与其他各项教育教学工作割裂开来。心理健康教育必须依靠各方面的力量协同工作，社会、家庭和学校都要关心学生的身心健康，学校更是重中之重，要寓心理健康教育于学校教育教学的各项活动中。协同工作的特点决定了心理健康教育在方法和形式上的多样性。一方面，由于受教育者在性格、能力等方面的多样性，要求心理健康教育能最大限度地照顾到不同个体的个别差异，满足他们不同的心理需求；另一方面，心理健康教育要根据受教育者的年龄特点，对不同群体采用不同的教育内容和方法。因此，教育者要主动地以多样性的教育活动来适应不同教育对象的需要，同时，也允许不同教育者采用不同的方法和形式进行心理健康教育。

（七）坚持预防、发展重于矫治的原则

一般来说，心理健康教育有两类功能：初级功能是预防、矫治各种心理与行为问题，该功能局限于心理危机处理、社会适应的协调方面，其内容、方法一般涉及心理咨询和心理治疗范畴；高级功能则是发展性功能，即协助受教育者在其自身和环境条件许可的情况下达到心理功能的最佳状态，心理潜能得到最大限度的发挥，人格得到和谐发展，生活、社会适应良好。对于心理健康教育来说,更重要的是实现其高级功能,即发展性功能,以受教育者成长发展的需要为出发点,帮助他们解决其成长过程中遇到的问题,如交往问题、情绪问题、社会适应问题等。对个别有心理障碍的教育对象,则可向有专业经验的人员咨询或请治疗人员诊治。在具体方法上,心理健康教育以面向全体的团体活动等形式为主,广泛普及心理健康的基本知识,同时,也应有针对个别学生的心理咨询和辅导。

(八)保密性原则

在心理健康教育过程中,教育者有责任对受教育者的个人情况以及谈话内容等予以保密。受教育者的名誉和隐私权应受到道义上的维护和法律上的保障。保密性原则是心理健康教育极其重要的原则,是鼓励教育对象畅所欲言和建立相互信任的心理基础,同时也是对他们人格及隐私权的最大尊重。在心理健康教育过程中,尤其是个别教育与辅导过程中,受教育者会向教育者泄露很多个人的秘密、隐私、缺陷,以及由此而产生的心理与行为的困扰、矛盾、冲突等。教育者有责任、有义务对所有相关信息保密,不得对外公布求助者的姓名,拒绝任何关于求助对象的调查,尊重他们的合理要求等,这些都是保密的范围。

第三节　高中生各阶段的心理特点

高中阶段是人一生中关键而又有特色的时期，高中学生朝气蓬勃、风华正茂，在各方面都表现出积极向上的趋势。在整个高中阶段，高中学生的心理表现出种种特点。

一、高一学生身心的主要特点

高一阶段是学生由半幼稚、半成熟、半成人逐步走向成人化的过渡时期，个性渐趋形成，在这个阶段，由于受到种族遗传、家庭环境、学校环境、社会环境等不同因素的影响，学生心理发育呈现出不平衡状态，部分学生的心理年龄还不够成熟，学生心理还会产生波动性，行为情绪化、不稳定。

（一）心理发展的动荡性

高一学生的生理发育迅速走向成熟，而心理的发展却相对落后于生理的发展，他们在知、情、意、行等方面都还未达到成熟的指标，心理发展存在一定的动荡性。他们思维敏锐，但片面性较大，容易偏激；热情、振奋，但容易狂热、急躁、冲动。他们克服困难的毅力不够，往往把坚定与执拗、勇敢与蛮干、冒险混同起来，是意外状况发生率最高的年龄阶段。

（二）行为情绪化

高一学生在行为上表现出明显的善变、感情冲动、自尊心强，在对社会、他人与自我关系上易出现困惑、苦闷和焦虑，对家长、老师表现出较普遍的逆反心理和行为。他们情绪反差很大，意志比较薄弱，缺乏毅力，一受到挫折便一蹶不振，时常会半途而废、功亏一篑。表现在学习上，有时学习态度很认真，有时厌倦学习，甚至逃学。考好了，心里很高兴，扬扬得意；一旦考得比较差就心灰意冷，垂头丧气。

（三）自我意识加强

高一学生随着知识、信息的增多，思维方式的变化，世界观开始形成，逐步适应了疏导型教育方式。他们自我意识逐步加强，不再人云亦云，能运用头脑对感性材料加以整理和改造，从而上升到理性认识，比较贴近客观事物的本质和规律；在个人生活的安排上，对人生、社会能发表独到的见解、看法，在诸多活动中也能独立发挥主体作用，要求别人了解、理解和尊重自己。这一阶段高中生智力发展已接近成熟，抽象逻辑思维正从"经验型"向"理论型"急剧转化，情感日益深厚、稳定，带有闭锁性。

二、高二学生身心主要特点

高二学生随着身体的迅速发育、知识的增多，人格品质初步形成，个性渐趋形成，但心理发育仍呈不平衡状态，还会产生波动性，部分学生则心理年龄不够成熟。主要有以下特点。

（一）自我意识进一步增强

高二的学生在心理和行为上表现出强烈的自主性，自我意识明显加强，迫切希望从父母的束缚中解放出来，独立生活能力、处理问题能力和社会适应能力等诸多能力都有了进一步的增强，但由于社会经验和认识的局限，辨别力不如成人，出现求知欲强与识别力有限之间的矛盾。

（二）思维趋于成熟

该阶段学生的意志力增强，注意力大大提高，思维的目的性、方向性更加明确，渐渐能用全面的、发展的、联系的观点去分析和解决问题，抽象逻辑思维趋于发展成熟，但学生辩证思维的发展还没有完全成熟，因而有时看问题存在偏激倾向。

（三）个性渐趋形成

兴趣范围进一步扩大，性格特征趋向稳定、成熟，并具有一定的稳定性，但性格的可塑性仍较强，旧的不良性格特征可能被改塑，新的不良性格特征可能还会产生。

（四）情感丰富潜藏危机

高二学生随着年龄的增长、学习环境的熟悉，情感也逐渐变得丰富起来，交友热情高，迫切需要情感力量和参加不同类型的群体活动；对异性关注上升，在公开场合转向文饰、内隐，但又有强烈的表现欲，希望引起异性的注意、重视、好感，加上与家庭存在的年龄隔膜，导致他们错误地认为只能由外界得到被爱惜的感觉，于是少数学生出现对异性较为稳定的情感，进而发展到恋爱。此阶段是恋爱发生率最高时期。高二阶段学生的动机层次提高，对各方面的关心程度增强，对自身的义务、权利、责任认识不清，当受到不良因素影响的时候，个性就会向不好的方向发展，如讲"江湖意气"打群架、集体逃课等不良行为。此阶段是学生"意外闹事"发生率最高时期。

三、高三学生身心主要特点

高三学生处于青少年向青年过渡的完成阶段，是生长发育的重要时期，脑和神经系统基本成熟，身体发育、思维发展处于迅速成长时期，学生逐步意识自我，控制能力逐步增强。

高三学生初步完成青少年向青年的过渡，进入青年时代，表现出了强烈的自主性，但他们在理智、情感道德和社交方面还未达到成熟的阶段。高三学生紧张疲乏、缺乏自信、情绪烦躁、精神压抑、承受挫折能力差等心理问题明显突出。

（一）心理压力过大，导致学生备感疲劳、焦虑

1. 高三学习任务量突然加大，大量的练习扑面而来，学生只能靠拼体力、脑力来应付，睡眠时间急剧缩短，学生生理上难以接受，感到过度疲劳。

2. 家长对子女过高的期望、老师的希望加剧了学生的心理负担与疲劳。家长望子成龙、望女成凤心理急切，都希望孩子能考上一所好的大学，将来有一个好的归宿，对孩子高三生活给予过分关注，常常给孩子讲"专心、抓紧、青春不留遗憾"之类的话，导致高三学生普遍感到压力大、烦躁苦恼。

3. 学生不恰当的自我期望导致心理紧张、焦虑。高三学生都有升学的渴望，希望考上好大学，能有一个好的未来。然而高考毕竟是选拔性的考试，具有很强的竞争性，并不是每个人都能如愿以偿，过高的追求目标容易造成"成就感"过分强烈，从而产生心理上的过度焦虑与紧张。

另外，社会价值取向的多元化、学校及社会的期望、同学之间的人际压力、就业与求学的人生选择、社会的舆论等因素，也使得高三学生经常体验到强烈的压力和内心冲突。

（二）频繁的考试，使学生的记忆力下降、注意力集中困难

高三考试名目繁多，一次次的考试，一次次的名次重新"站队"，使学生对排名特别敏感。学习成绩较好的学生一旦某次考试失误，名次稍退，就自责不已、伤心欲绝，甚至无法控制自己的情绪反应，易产生抑郁、紧张、偏执的心理，从而影响了学习效率；落在后边的学生经常笼罩在失败的恐惧之中，苦闷自卑。考试给相当一部分高三学生造成了食欲不振、失眠多梦、神经衰弱、记忆力下降、注意力集中困难等问题。

（三）人际关系敏感、自控力下降

1.强烈关心自己的个性成长。到了高三，学生发展了新的思维形式和思维方法，辩证逻辑思维已趋于优势地位。由于自我意识的高涨，他们强烈关心自己的个性成长。如果处理不好，就会出现对自己过分关注、脱离现实、自我孤立的危险。

2.自尊心敏感而强烈。高中阶段孩子的自尊心特别强烈，是他们自我意识中最敏感、最不容冒犯的部分。他们逐渐以一种全面、客观、辩证的方式看待自己、分析自己，但是，由于社会经历和认知发展的局限，他们在看待问题时往往容易主观、片面和走极端，如恶作剧、打架斗殴、玩世不恭等。

第四节　高中生常见心理问题

高中学生心理问题的主要表现如下。

一、学习类问题

学生的主要任务永远是学习,因此在学生常见的心理困惑中学习问题是很重要的方面。

(一)学习压力过大

在各方面的期待与压力之下,学生的学习压力普遍较大,会造成食欲不振、失眠、记忆效果下降、思维迟缓。严重的导致精神萎靡不振、神经衰弱,害怕考试失败,担心不能完成学习任务,以致随之而来的自尊的丧失。

(二)学习方法不当

很多同学都制订了相应的学习计划,但"变化总比计划快",学习总显得杂乱无章;学习计划不能有效执行,学习缺乏恒心;自制力差,课堂效率低,不能专心投入学习,在课堂上不能很好地把握学习时间。

(三)考试焦虑

大部分学生都有考试焦虑情绪,只不过严重程度不同:提及考试就紧张;考前坐立不安、心神不定,睡不好觉;考试时出现情绪紧张、心慌意乱、记忆卡壳等现象。某些平时学习成绩不错的学生,一到考试就慌了手脚,无法发挥自己应有的水平。

(四)厌学

厌学是目前学习活动中比较突出的问题,不仅是学习成绩差的同学不愿学习,一些成绩较好的同学也会出现厌学情绪,表现为学习动力不足,学习漫无目的,感到学习没劲,丧失上进的信心;学习欲望低下,进入学习状态慢,对老师缺乏感情。

二、人际关系类问题

人与人的交往在人的一生中占有很重要的地位,同时人际交往问题也构成了高中生常见心理困惑的重要方面。高中生常见的人际交往困惑主要如下。

(一)师生关系紧张

学生和老师之间的关系是学生人际关系中非常重要的一种关系。小学的孩子往往对教师充满了敬畏和敬仰,而到了中学以后,很多孩子都以为自己长大了,他们逐步学会了独立思考、独立寻找解决问题的办法,不再像小学生那样盲目地顺从老师了。还有一些孩子对老师越来越挑剔,甚至会因为和老师产生一点小误解而怨恨老师,对老师产生抵触情绪。

(二)同学相处问题

高中生都希望在班级、同学间有被接纳的归属感,寻求同学、朋友的理解与信任。但是有些学生缺乏最起码的交往能力,如时时处处以"我"为中心,对人苛求,好嫉妒,爱猜忌别人;拉帮结伙,攻击他人;胆小羞怯,不善与人沟通等。这些不当方式造成了同学关系不融洽,甚至关系紧张,于是有的同学流露出孤独感,甚至在与同学相处的过程中出现误会和冲突,受到伤害,面对伤害又不知道如何处理。

(三)异性交往困惑

高中阶段的学生,处于青春发育期的尾期和成年的初期,生理基本发育成熟,但是心理发展尚未完全成熟,学生在异性交往上存在诸多的困惑和烦恼。诸如,对异性有一种莫名的向往怎么办,如何才能正确处理与异性朋友之间的关系,怎样处理异性交往与学习之间的关系,"失恋"了怎么办,等等。

(四)亲子关系不和谐

集中表现在与父母关系紧张、对父母有内疚心理、单亲家庭子女的特殊问题三个方面。高中生的自主意识越来越强,父母与子女之间缺乏相互理解和沟通,学生会经常与父母产生冲突,孩子抱怨父母不理解自己,父母抱怨孩子不体谅自己,沟通完全不在一个频道上。另外家庭关系不和睦造成对学生的心灵伤害也是高中生比较常见的一类心理问题。

三、情绪类困惑

（一）情绪不稳定

有的学生有时显得过分激进和冒失，易冲动，遇事不够冷静和理性，常常事后后悔莫及。对同学忽冷忽热，对老师家长时亲时疏，学习情绪忽高忽低，心情时好时坏，这主要是由于心理发展不成熟造成的。

（一）情绪两极分化

对人对事的认识缺乏恰当的中间性思考，不会换位思考，非此即彼思维明显，遇事显得偏激和极端。

（二）自卑心理

高中生处于自卑感多发期，这种心理使他们常常不敢交际、害怕失败、多愁善感、瞻前顾后。如自我认识不足，过低地估计自己，拿自己的短处与他人的长处相比，或者过高地评价自己，当所处的环境发生变化，优势减少时便产生一种失落感。

（三）孤独心理

由于高中生独立意识的增长、自我意识的发展，易使他们产生一种与世隔绝的心态，觉得百无聊赖、孤单寂寞。

（四）心理不平衡

常常对成绩好的同学不服气，过分注重自己的弱点，产生自卑、孤独、冷漠、嫉妒、偏激、敏感、猜疑、怨恨等情绪，看不起自己，严重的甚至会做出一些意外的举动。

第五节　心理健康教育工作与德育工作的联系与区别

心理健康教育与德育的关系很长一段时间内未能达成共识。"冲击论"认为心理健康教育对传统的学校德育构成了巨大的冲击;"取代论"认为心理健康教育基于对学生心理发展过程的把握,可以用来代替传统德育;"融合论"认为德育与心理健康教育在学生非智力因素培养方面所起的作用很难截然分开,可以作为德育的一部分来看待。实践证明,德育与心理健康教育两者之异同决定了它们之间的关系应当相互配合。两者的异同主要有以下表现。

一、理论基础不同

心理健康教育主要运用心理健康教育的理论,培养学生良好的心理素质,促进学生身心全面和谐发展。

德育工作以社会主义理论的重要思想为指导,促进学生道德水平提高。

二、具体目标不同

心理健康教育目标:使学生不断正确认识自我,增强调控自我、承受挫折、适应环境的能力,培养学生健全的人格和良好的个性心理品质;对少数有心理困扰或心理障碍的学生,给予科学有效的心理咨询和辅导,使其尽快摆脱障碍,调节自我,提高心理健康水平,增强自我教育能力。

德育目标:培养学生热爱祖国,具有民族自尊心、自信心、自豪感,立志为祖国的社会主义现代化努力学习,初步树立公民的国家观念、道德观念、法制观念,具有良好的道德品质、劳动习惯和文明行为习惯;遵纪守法,懂得用法律保护自己;讲科学、不迷信;具有自尊自爱、诚实正直、积极进取、不怕困难等心理品质和一定的分辨是非、抵制不良影响的能力。

总体来说,学校德育的目标是"激励性"的,旨在激励学生奋斗成长;而心理健康教育的目标虽然也强调"帮助学生成长",但更多地体现了"保健性",

旨在维护学生的心理健康。

三、方法不同

心理健康教育特别强调尊重学生、信任学生，相信学生的潜力，以平等的态度对待学生，接纳、指导、协助学生，以达到助人自助，灵活运用交谈、倾听、讨论、角色扮演、心理测量、心理训练等方法。

德育主要采用说服教育、提供榜样、确立规范、实践锻炼等方法，是一个教导过程，一般倾向于理论灌输、榜样示范、引导行为。

德育工作者扮演"塑造者"的角色，习惯于以自己的要求去规范学生的思想、行为。心理健康教育者要设身处地感受学生的内心体验，深刻了解学生的思想和行为动机，尊重、理解、接纳学生，使学生感到自身的存在、自身的价值，感到其自尊心受到了保护，借以强化并剖析自我，增强改变自我的勇气。心理健康教育需要理解、接纳，不需要说教、劝告，它以尊重为基础，以同感为前提。心理健康教育不是一个灌输过程，而是一个助人自助的过程。

综上所述，我们不能把心理问题德育化，把德育问题心理化，二者只能互补不能相互替代。同时作为学校育人工程的两个子系统，在培养学生健全人格过程中，德育和心理健康教育犹如车之两轮、鸟之两翼，相辅相成，缺一不可。

第六节　心理健康教育工作与思想政治工作的联系与区别

正确认识和把握思想政治教育与心理健康教育的关系，是当代素质教育的客观要求，同时也是提高思想政治教育科学性、有效性的必要前提。思想政治教育是旨在使受教育者形成一定的思想政治观念（即政治观点、信念、世界观和道德观）的社会活动。心理健康教育则旨在培养和提高教育对象的心理素质。思想政治教育与心理健康教育之间的关系既很密切，又存在着严格的区别。二者之间的区别主要表现在以下几个方面。

一、工作的目标和范围不同

思想政治教育的目标：从客观上解决学生的政治立场、方向，提高学生的思想政治觉悟和道德素养。其工作范围相当广泛，是关系培养人才成长方向的教育，必须以马克思列宁主义、毛泽东思想和邓小平理论为指导，通过大量的思想政治教育教学活动，不断对学生进行"五爱"教育，文明行为习惯，良好的道德品质和遵纪守法意识，科学的世界观、人生观、价值观，社会主义理想信念及马克思主义基本理论教育。

心理健康教育的总目标：提高全体学生的心理素质，充分开发学生的潜能，培养学生乐观、向上的心理品质，促进学生人格的健全发展。心理健康教育的具体目标：使学生不断正确认识自我，增强调控自我、承受挫折、适应环境的能力；培养学生健全的人格和良好的个性心理品质；对少数有心理困扰或心理障碍的学生，给予科学有效的心理咨询和辅导，使他们尽快摆脱障碍，调节自我，提高心理健康水平，增强自我教育能力。心理健康教育的主要内容包括普及心理健康基本知识、树立心理健康意识、了解简单的心理调节方法、认识心理异常现象，以及初步掌握心理保健常识，其重点是学会学习、人际交往、升学择业以及生活和社会适应等方面的常识。

从教育的目标看，心理健康教育最终要实现的是一种自我教育，而思想政治教育最终要实现的则是一种超我教育。心理健康教育要求学生首先要有一颗凡人的心，在这个基础上再去追求超我发展。

二、研究的对象属于不同的概念范畴

一是两者所研究对象的内涵不同。思想政治教育所研究的对象是人的思想，而思想是在感性认识的基础上通过思维的选择和加工而产生的理性认识。心理健康教育研究的对象是人的心理，而心理既包括感性认识，又包括理性认识，还包括情感、意志和个性心理；既包括有意识的心理活动，还包括潜意识的心理活动。

二是两者所研究对象的表现形式不同。思想品质表现为一定的思想政治观念，即个体的世界观、人生观、价值观、道德观、信仰信念及行为规范等；而心理品质则是感知觉、记忆、想象、思维、情感、意志、动机、兴趣、能力、气质、性格等方面的品性或特性。

三、遵循的理论原则不同

心理健康教育的理论体系属于心理科学的范畴。心理健康教育工作的开展要在一系列心理学理论的指导下进行，并且要遵循特定的心理学原则和方法。而思想政治教育工作属于社会意识形态的领域和范畴，与心理健康教育的理论体系分属于两种范畴。以心理健康教育的主要形式心理咨询为例，心理咨询是以心理学理论、方法为指导的一种专业技术，而不是一般的思想工作和谈心活动。如心理咨询中的不指示原则，即咨询员对来访者提出的问题不做出直接的指示或建议，而是通过提问、反问等方式，把咨询的问题引向深入，或使来访者改变思考问题的角度。这一原则把解决问题的决定权留给了当事人，使来访者从被动地位转变为主动地位，提高了来访者的自助能力。这一原则和方法与思想教育工作中那种居高临下、我说你听、我打你痛的传统方法截然不同，却适应了人们在新的历史条件下普遍提高的自主意识。

四、工作人员的专业方向不同

思想教育工作者的专业方向属于政治学，从事思想教育工作的人员除了要掌握有关的知识理论以外，还需要有相当好的政治思想觉悟、工作能力和组织能力。心理健康教育工作者则需要有丰富的心理学知识,须经过专业的培训和考核。从我国目前的情况来看,因为高校心理系的开设尚不普遍,受过心理学高等教育的专业人员为数甚少,有不少心理健康教育机构的从业人员是从德育工作者改行而来,或由相近的专业人员兼职。这种状况很容易把心理健康教育混同于一般的思想教育,从而改变了心理健康教育的工作性质。

五、工作效果的评估标准不同

对心理健康教育的评估是依据心理健康教育的目的任务来衡量的。主要从学生的心理健康状况、心理问题的解决与否以及解决程度的角度来衡量。如失衡的心态是否恢复了平衡、心理障碍是否得到了克服、心理疾病是否得到了确诊和治疗、心理危机干预是否成功等。思想教育工作是从思想素质的高度来衡量,主要看是否把受教育者培养成有理想、有道德、有文化、有纪律的四有新人。

虽然心理健康教育与思想政治教育之间存在明确的区别,不能把两者混为一谈,但同时两者之间也存在着密切的联系,因此,也不能把两者决然加以割裂,而应当把心理健康教育与思想政治教育有机地结合起来。思想政治工作者从心理学中借鉴某些方法与技术,以增强思想政治工作的吸引力与感染力;心理健康教育者也应该接受思想政治教育,以保证心理健康教育工作正确的政治方向。

第二章
开展心理健康教育工作的途径

第一节　学校心理健康教育队伍建设

近年来，随着时代的新旧交替、教育竞争的日趋激烈、学习压力的日益加重，教育工作者都清楚地认识到，进一步强化心理健康教育、不断提高学生心理健康水平刻不容缓。因为，进一步加强学生心理健康教育，是新形势下贯彻党的教育方针、推进素质教育的重要举措，是促进学生健康成长、培养身心全面发展人才的重要途径，也是加强和改进思想道德教育、推进学校和谐发展的重要任务。学生能否顺利完成学业并服务于社会，其前提和首要条件就是身心健全，若偏离了这一前提和条件，则学生的全面快乐发展将无从谈起，学校的持续和谐发展也就成了海市蜃楼，所以，开展心理健康教育工作要始终站在发展的战略高度，一以贯之地关注心理健康教育，并努力将其贯穿于教育教学的全过程和学生日常生活的各个方面，渗透到每一项具体工作上，进而对学生健康成长起到良好的导向作用。学校心理健康教育工作的开展离不开教师的作用，所以，要做好学生的心理健康教育工作，首先要加强学校心理健康教育教师队伍的建设。

一、设置心理健康教育教师岗位，配备专兼职教师

学校心理健康教育队伍主要由专业队伍和非专业队伍两部分组成。专业人员主要是指接受过心理专业或教育专业教育的专职教师，他们基本采用专业的理论和方法开展心理咨询工作，这部分人员在中小学中为数不多。非专业人员即没有受过专门训练但对这项工作感兴趣的教师，包括德育工作者、班主任等。随着时代的发展和教育教学的要求，中小学应大力培养或引进专业人才，使这项工作更加科学、规范。

（一）专职心理健康教育教师配备的基本要求

中小学心理健康教育是一项科学性、专业性较强的工作，必须由具备较强

专业能力的专职教师担任。在中小学校设置心理健康教育教师岗位，配备专职教师是加强中小学生心理健康教育、全面推进素质教育的必然要求。中小学校配备心理健康教育教师的人数按情况区分：学生规模达到1000人的中学，原则上配备1名专职心理教师；寄宿制学校，至少配备1名以上专职心理教师；设分校区的学校，每个独立校区至少配备1名以上专职心理教师；有条件的地区，每所学校至少配备1名以上专职心理教师。

（二）专职心理健康教育教师的主要职责和任务

1. 面向全体学生开展心理健康教育。专职心理健康教育教师担任学校心理健康教育活动课的教学工作，以教学班为单位采用心理健康教育活动课或团体心理辅导活动等形式进行。心理健康教育活动课、团体心理辅导活动的课时在班会课、团队活动课和地方课时中安排，每两周至少安排一节，列入课程表。

2. 为有需要的学生提供心理咨询。专职心理健康教育教师每周在心理咨询室值班不少于5小时，接听心理咨询电话，对前来咨询的学生及时进行心理辅导，帮助学生解除心理困惑或障碍；对问题严重的学生要及时转送专业心理咨询机构进行治疗。在心理咨询工作中，要做好记录，建立心理咨询档案，做好跟踪工作。

3. 组织学校心理健康教育教学研究和学生心理状况分析。专职心理健康教育教师负责组织学校兼职心理健康教育教师、班主任开展心理健康教育活动课、团体心理辅导活动的教学研究，负责组织班主任开展学生心理状况分析活动和学生个案分析活动，在学校心理健康教育中起引领和骨干作用。

4. 协助学校和班主任开展家庭教育工作。专职心理健康教育教师协助学校和班主任为家长提供心理健康教育讲座和心理咨询服务。

二、实施全员培训、全员参与的工作机制

以心理健康教育专兼职教师为重点、班主任和任课教师为主体，逐步推进教师全员培训机制。专兼职心理健康教育教师重在掌握心理健康教育的专业知识，具备一定的操作技能和科研水平，逐步建立一支既有较高心理健康教育专业知识水平又有较强操作技能和科研能力的心理健康教育骨干教师队伍。在学校日常的培训中，将心理健康教育纳入班主任培训的必修课。班主任和部分任课教师定期参加心理健康教育培训，重在转变教育观念，树立关心学生心理健康的意识。在班主任工作和日常教学中，渗透心理健康教育，将心理健康教育与德育有机结合。有条件的地区，所有学科教师和学校管理工作人员参加心理健康教育培训，逐步做到参加心理健康教育培训达不到一定课时的教师不能担任班主任工作。同时，有条件的学校，可以开发心理健康教育教师培训校本教材，安排固定的培训时间，严格把好培训质量关。

三、开展灵活多样的校本培训活动

校本培训活动主要包括：面向全体教师的有关心理健康教育的集中培训，利用全体班主任例会开展教育案例解析培训，以学校教科研论坛和班主任论坛为阵地的校内心理教育的研讨交流培训，各学科教师的自我研修培训和实践反思培训，等等。

校本培训活动还要关注教师自身的心理健康培训。目前，各学校教师工作负担重、心理压力大已成不争的事实。调查显示，教师的心理状况会直接影响到学生，应重视对教师心理健康的培训和疏导。如教师心理沙龙、舞动团体辅导、音乐减压团体体验活动、阳光心理素质拓展训练活动等。积极在教师中倡导幸福教育理念，并通过多种形式组织开展丰富多彩的业余生活，提高教师的幸福指数，不断提高教师自身的心理健康水平。

附：心理健康教育教师队伍建设模式

衡水中学高度重视师生心理健康教育。一是成立了由校长任组长、其他副校长任副组长的心理健康教育专项工作领导小组，成员由中层领导干部组成，小组成员分工明确、责任到人。二是设立了心理健康教育研课室，具体负责全校师生心理健康教育的组织实施。三是把心理健康教育工作列入了学校工作计划和目标管理，学校党政联席会定期研究、布置该项工作。四是把心理健康教育纳入必修的教学内容，常年坚持开展心理健康教育不放松，让学生在身心保健和身体锻炼上齐头并进。五是从全国重点师范院校的心理学专业招聘了8位专业心理教师，具体负责广大师生的心理健康教育和心理危机干预，对有心理疑惑的师生提供高质量的专业咨询。六是设立了心理健康教育工作专项经费，不断加大心理健康教育投入和条件建设，为深入推进心理健康教育奠定了坚实基础。

长期以来，学校深知课堂教学是育人的主渠道，也是心育的主阵地。为充分发挥这一主渠道、主阵地的育人育心作用，学校重点实施了"七子工程"，大力提升教师的专业水平，努力提高教师的心育能力，全力发掘课堂的重要作用。

一是换脑子。学校不仅先后选派教师800余人次到京、津、沪、苏、鲁、皖等地的多所名校考察，而且先后邀请中国社会心理学会教授罗江、北京师范大学心理学院教授郑日昌、东北师范大学心理学院教授刘晓明等50余位专家到校讲学。同时订购《中小学心理健康教育》等30多种心育书刊，摆放在办公区专门开设的小型阅览室中，随时供老师们阅读和查阅各种心育资料，健脑、借脑、富脑，丰富和提高了教师心理健康教育知识和技能。

二是搭梯子。学校经常选派骨干教师参加国家、省级各种心理健康教育培训班的学习，为广大教师心理健康教育能力的提高搭建了一个向上的阶梯。此外，学校还承担主持了重点课题《健康心理生活教育对寄宿制重点高中新生学习适应能力的影响》的研究，让教师在研中学、在学中进，有效提高了教师心理健康教育水平和能力。随着广大教师心育水平的提升，已在省级以上报刊发表心育论文180余篇，同时还开发了衡水中学心理健康教育校本教材。

三是选苗子。学校曾先后遴选300余名中青年教师分三批参加了天津师范大学举办的"发展心理学"研究生课程培训班的学习，并全部通过培训顺利结业，有效提高了整个教师队伍的心理健康教育水平。

四是压担子。学校先后组织召开了20余次全国大型会议，并多次承办省级大型赛事，让广大教师面向各地教育同人做公开课，加速了教师的专业成长步伐。同时，学校还经常选派教师外出参加各种比赛，并多次获得省、市心理健康优质课评比一等奖。

五是设台子。不仅每学期都要组织心育知识专题培训，结合日常心理咨询案例以及问卷调查数据分析，指出高中生常见初发心理问题及其应对策略等，而且还定期举办各种论坛和评选活动，如"班主任论坛——学生心理导航与点评""关注学生心灵——十大德育创新标兵"评选等，为教师搭建了展示自我的亮丽舞台，也潜移默化地让教师学到了心理健康教育知识和技巧。同时，学校还先后开展了100余次教师阳光心理素质拓展训练活动，如团体毽球、团体跳绳、障碍接力、绑腿接力、风雨同舟等，缓解其压力，愉悦其身心，进一步提高了广大教师的心理健康水平。

六是照镜子。心理咨询室购进了教师心理检测系统，广大教师可适时进行心理健康自我检测，及时发现和调整自身的不良心理健康问题。同时，在广大教师中开展了"一日三省"活动，即有没有走进学生的心灵、有没有享受课堂的幸福、有没有发现工作的快乐，在反思中提高，在提高中发展，避免职业倦怠和师源性心理问题。

七是定调子。要求广大教师必须把握好基调，把心理健康教育渗透于各学科教学之中，充分发挥课堂教学育人育心的主渠道作用。由此，老师们在教学目标和思路的确定、教学方法和手段的选择、教学过程的导入和实施等方面，都巧妙地注入心理健康教育内容，充分挖掘教材中蕴含的心理健康教育因素，找准切入点，努力创设尊重、信任、理解、关爱、激励的课堂心理气氛，潜移默化地对学生施以心理健康教育，使课堂教学成为学生潜能发掘和快乐成长的好场所。学生在发展认知能力的同时，团队精神、竞争意识、自信能力、自制能力、调控能力等均得到不同程度的提升。

第二节　心理咨询室的建立与管理

对学生进行心理健康教育，除了心理课堂，学校的心理咨询室也是"主阵地"之一。根据《中小学心理健康教育指导纲要》的要求，各地中小学要建立和逐步完善心理咨询室的建设。学校心理咨询室是培养学生健全人格与健康心理的重要基地，是学生心灵的家园，是学生快乐成长的加油站，所以，创建一个既符合标准又富有特色的心理咨询室是学校心理健康教育工作的重中之重。心理咨询室的建设务必要做到以下几个方面。

一、心理咨询室的命名

命名上应该趣味化、生动化，比如，将心理咨询室命名为"阳光心灵家园"。心理咨询室主要是为学生提供个性心理问题辅导的区域，环境设计需要体现温馨、保密原则。

二、心理咨询室的位置

咨询室的位置应在平时学生出入少的地方，以免令学生有不自在的感觉，比如安排在实验楼、图书馆等较安静的场所。咨询室是正式进行心理咨询的场所，其布置应以有利于咨询工作的开展为原则，力求使学生感觉温馨、松弛并有安全感，不必担心"泄露"秘密，以便心情放松毫无顾忌地讲述有关事情。

三、心理咨询室的布置

咨询室的布置要体现以下四点。

1.温馨性。屋内的布置要以暖色调为主，内部环境要优美、明快、和谐，力求做到舒适、自在、温馨。

2.宣传性。咨询室对于首次来访的学生来说还很陌生，可以在墙上悬挂"心理咨询人员工作守则""什么是心理健康""中小学生心理健康的标准"等宣传材料。

3.隐秘性。学生在做心理咨询和心理测量时,要让他们感受到一种安全感和信任感,因此咨询室的布置一定要体现出隐秘性。比如门上玻璃要张贴一些遮掩物。

4.功能性。咨询室建设要依据咨询室功能和教育工作需要进行设计,要符合心理咨询的要求,不能迁就原有的房间结构和原有设施而影响咨询室功能的发挥。

四、心理咨询室的宣传

在宣传中让学生了解"心理健康的标准""心理健康与身体健康的关系""一些主要心理障碍及心理疾病的症状""心理咨询的作用与意义"等知识。这样,一方面可以使全体学生了解心理健康的知识,认识学校心理咨询室的职能;另一方面,可以消除学生对心理咨询工作的误解及前来咨询的顾虑,便于有心理障碍者及时发现、识别自己的问题,主动前来咨询。

五、心理咨询室工作时间

利用学生课外活动的时间,或者在征得任课教师的同意下利用自习时间进行咨询。另外,心理咨询的电话预约方式应张贴在心理咨询室门外,以便于学生随时联系心理教师进行预约咨询。

六、心理咨询室的功能

心理咨询室面向全校学生、教师和家长开展心理健康教育工作,提供心理咨询、指导和服务。应具有以下服务功能。

1.开展面向全体学生的心理健康教育活动。如开展心理健康宣传、心理文化节、心理团体辅导等活动,促进学生良好心理素质和健康人格的形成;为有特殊需要或心理问题倾向的学生建立心理档案。有条件的学校也可以建立全体学生的心理档案。

2.针对学生的身心发展特点,积极开展学生成长关键期和关键点的指导工作,如入学适应性调节、考前减压、生涯咨询和升学指导等活动,帮助学生充分认识自己的个性能力特点,以利于学生做出合适的选择。

3.接待有心理辅导需求的学生,对有一般心理困惑的学生进行个别辅导,帮助他们解决心理困扰;发现和鉴别具有较为严重和严重心理问题的来访者,向其家长或监护人提出建议，将其转介到有关专业心理咨询和治疗机构。

4. 开展对班主任、学科教师和学校教职员工的心理健康教育知识和简单操作技能的培训，帮助教职员工掌握心理保健和心理健康教育的基本方法。

5. 向家长提供有关亲子关系和家庭教育的咨询，指导家长正确认识孩子的心理特点、成长规律和教育策略。

七、心理咨询室的管理

学校心理咨询室承担着向广大学生宣传普及心理常识，促进他们心理健康、全面发展，形成良好的个性人格的重要任务，并且有义务向学校领导、老师、家长提供有关心理学知识，协助他们明确掌握学生在不同年龄阶段的心理特点、发展任务和应对策略。同时，还是对心理出现偏差或有轻微心理疾患的学生提供保密的、有针对性的诊断和疏导的重要场所。对于心理咨询室的管理要明确要求，严格遵守，切实为全体师生及家长做好心理服务。心理咨询室的管理要求如下。

1. 心理教师须在规定的时间内按时到岗、到位。

2. 咨询室卫生由当日咨询人员负责打扫，要求整洁舒适。

3. 心理教师接待来访者，必须热情周到，想人所及。

4. 心理教师咨询时，须学会倾听，做好记录。

5. 心理教师分析问题时，要做到客观、仔细、耐心。

6. 心理教师要及时整理来访者的材料，并做好分析与总结。

7. 心理教师要为来访者严守个人秘密，违者后果自负。

8. 心理教师若不能当时解决问题，须查阅相关资料后再行约定时间解决。

9. 咨询室在一定时期内要将咨询情况归档，以备以后查阅。

10. 严重到精神有问题者，心理教师可将其转介到他处就医。

11. 咨询测量用表不可外借、复印，由咨询室统一管理使用。

12. 心理教师要遵守管理制度，爱护室内公共财产，严格要求自己，做到爱室如家。

附：心理咨询室咨询制度及原则

一、总则

1.心理教师在从事心理咨询时，应遵纪守法、遵守心理教师道德准则，在工作中建立并执行严格的道德标准。

2.心理教师应注意加强自身的修养，不断完善自己，提高自己的心理健康水平。

3.心理教师应不断学习专业知识，提高专业服务水平。

4.心理教师应明确了解自己的能力界限和专业职能的界限，不做超越自己能力和职能范围的事情。

二、对来访者的责任

心理教师的工作目的是对来访者负责，使他们获得适当的服务并由此获益。

1.心理教师不得因来访者的性别、年龄、民族、国籍、宗教信仰、价值观等任何方面的因素歧视来访者。

2.心理教师在咨询关系建立之前，应使来访者明确了解心理咨询工作的性质、工作特点和这一工作可能的局限以及来访者的权利和义务。

3.心理教师应明确其工作的目的是促进来访者的成长、自强自立，而并非使来访者在其未来的生活中对心理教师产生依赖。

三、与来访者的关系

心理教师应尊重来访者，按照本专业的道德规范与来访者建立良好的咨询关系。

1.心理教师应对自己所处的位置对来访者的潜在影响有清楚的认识，不得利用来访者对自己的信任谋取私利。

2.心理教师应努力保持和来访者之间客观的咨询关系，一旦已建立的咨询关系超越了客观的界限，应采取适当措施终止这类关系。

3.当心理教师认为自己不适合于对某个来访者进行工作时，应对来访者做出明确的说明，并且应本着对来访者负责的态度将其介绍给另一位合适的专业人员。

四、保密原则

心理教师应尊重来访者的个人隐私权，无论是在个体治疗或是在集体治疗中都有责任采取适当的措施为来访者保守秘密。

1. 心理教师有责任向来访者说明心理咨询工作的保密原则，以及这一原则在应用时的限度。

2. 当心理教师在工作中发现来访者有危害其自身或危及他人安全的情况时，必须采取必要的措施以防止意外事件的发生。

3. 心理教师工作中的有关信息，包括个案记录、测验资料、信件、录音和其他资料，均属于专业信息，应在严格保密的情况下进行保存，不得列入学校常规学生档案资料之中。

4. 心理教师只有在来访者同意的情况下才能对咨询过程进行录音、录像。在因专业需要进行案例讨论，或采用案例进行教学、科研、写作等工作时，应隐去那些可能会据此辨认出来访者的有关信息（在得到来访者的书面许可的情况下例外）。

五、心理咨询原则

1. 平等尊重原则。在学校心理咨询过程中，咨询双方都应积极地调整心态，解决好角色转换问题。

2. 积极聆听原则。积极聆听是指咨询教师在咨询的过程中必须集中精力认真倾听学生的讲述，给学生充分足够的时间表达自己，并适时地表现出同情、理解与支持。

3. 互动原则。咨询过程应该是一个需要双方都积极参与的过程，因为外因是变化的条件，内因才是变化的根据。

4. 关怀共情原则。教师在咨询过程中必须设身处地地去体会学生的情感，要出自真诚地给予关怀，体现教师对学生的关心与爱护，这是心理咨询取得积极效果的根本出发点。

5.引导原则。在心理咨询中，教师应更多地启发、调动学生自身的积极性、创造性，把更多的注意力投注于人的发展，更多地对来访者抱有乐观精神和信心。

6.发展原则。在咨询过程中，教师要以发展的观点来看待学生的问题，不仅要在问题分析和本质把握时善于用发展的眼光做动态考察，而且在对问题的解决和咨询结果的预测上也应如此。

第三节　心理活动课的设计与操作

高中心理健康教育的形式和途径丰富而多样，心理活动课作为心理健康教育的主渠道，可以大面积地使每一个学生最直接、最快捷地接受心理健康教育，对学生的心理产生最为直接的影响。并且，心理活动课已被认为是将心理健康教育普及、服务于所有学生的最佳途径之一。

心理活动课的开发，要充分考虑学生的心理特点，综合考虑学生的不同年级、不同层次、不同需求，开发出适合学生的心理辅导活动系列课程。以衡水中学为例，按照教育部颁发的《中小学心理健康教育指导纲要》，结合实际学情，制定了高一、高二、高三年级的心理辅导目标，形成了系统的心理辅导活动课程体系。

目前，衡水中学高一、高二、高三全部开设了心理辅导活动课。根据高中生在不同年级、阶段可能会出现的不同问题或困惑，在心理辅导活动课程的设置上进行了有针对性的安排。

高一心理课的主题为适应，重点在于帮助学生快速转变角色，适应紧张的高中生活。

高二心理课的主题为激发学生学习动机，提升学生学习品质。

高三心理课的主题为潜能激发、考试焦虑调节等，帮助学生掌握必备的心理健康知识和自我调适技能方法，让学生更加科学高效地学习和备考。

具体见"衡水中学各个年级心理健康课课程目标"。

衡水中学各个年级心理健康课课程目标

序列目标	阶段目标	具体目标
学会生活	高一	适应高中学习环境 了解人际交往的一般知识
	高二	正确对待异性伙伴的交往 了解人际交往的技巧
	高三	职业生涯教育 职业志向的确立 职业的选择和准备
学会学习	高一	激发学习动机
	高二	掌握适合自己的学习方法 养成良好的学习习惯
	高三	考试心理指导
学会自我教育	高一	正确认识自我
	高二	学会自我情绪的调控
	高三	提高承受和应对挫折的能力

衡水中学心理健康课系列主题

主题	具体课程
目标与生涯规划	目标引领未来
	彩绘未来蓝图
信心与潜能激发	相信自信者的力量
	激发潜能 迎战高三
合理的情绪管理	酝酿挫折中的"珍珠"
	直面压力
科学的学习方法	勇敢面对考试
	学会积极心理暗示
和谐的人际关系	巧妙处理人际冲突
	学会换位思考
自我教育与生命教育	学会爱自己
	生命永远珍贵
亲子关系心理辅导	爸爸妈妈我想对您说

关于心理活动课的设计，"活动"和"体验"是其最为核心的两个要素，即让学生在活动过程中，在某个问题上有所感悟、触动、体验、思考，促进学生实现认知的提升、行为的改善和心理健康的完善发展，最终实现自我成长。所以，要想上好一节心理活动课，就务必明确和坚持活动的设计原则和操作要领。

一、心理活动课的设计原则

（一）动感第一

心理活动课要以学生的活动构成辅导过程的基本环节，精心设计好活动形式是辅导成功的关键。

（二）情境体验

心理活动课要从情境体验开始，引发学生的情感共鸣，活动设计要尽可能生动有趣，使学生喜闻乐见、专注投入。

（三）多元互动

在团体辅导中，每个成员认知的改变、情感的迁移或透射、新行为的建立和强化，都依赖于成员间的交流和互动。互动的前提是参与心理活动课必须促成一种气氛，让每一个学生都有话说，让每一个学生都想说话，基本方法是改变座位的排列组合，采用组合作为学习形式。

（四）主体抉择

要引导学生进行自我重新评估与内省，改变认知模式和行为方式，不要由教师代替学生做出决定，助人的目的是让学生自助。教师绝对不要讲得太多，不要喧宾夺主。

（五）和谐有序

心理活动课是师生真情流露、心灵交融的心灵课堂，因此，教师要转换"教育者"的角色，努力营造一种平等、和谐的气氛。

二、心理活动课的操作要领

（一）重感受，不重认知

"不重"并不是"不要"（以下皆以此为原则）。心理活动课不是说教，不是安慰，不是训导，也不是逻辑分析；心理活动课是心灵的碰撞，是人际的交流，是情感的体验，是帮助一个人自助的过程。所以，没有情意活动介入的过程不是成长的过程。

（二）重引导，不重教导

活动应该是"非指示性"的，教师不应该对学生做强制的说理和武断的解释，必需的暗示、忠告、说服等"指示性"手段也只能最低限度地使用，即力求"随风潜入夜，润物细无声"。

（三）重口头交流，不重书面活动

一种非常简单却又很容易被教师忽视的操作规范，它是活动过程有没有动态气氛的关键。

（四）重目标，不重手段

心理活动最重要的是把握好活动理念和活动目标，如果只考虑形式和手段的新鲜花哨，很可能会导致舍本逐末。

（五）重真话，不重有无错话

信任使人感到安全，信任才能敞开心扉。说真话难免会有错话，但对学生在成长过程中出现的错话持一种宽容而积极的态度，可强化学生自我向善的意向与努力。

（六）重氛围，不重理性

班级辅导是建立在成员之间相互信任、关心、了解、接纳的氛围中的一种互动的人际交往过程，每个成员的心扉就是在这种人际氛围中打开的。因此，催化出温暖、安全的团体氛围远比完美的理性探讨重要得多。

（七）重应变，不重原定设计

心理活动课面对的是充满动感的学生个体和交互影响的班级群体，活动现场的团体心态千变万化，教师必须灵活把握辅导活动的发展势头，不可刻板依照原定设计行事。

（八）重自我升华，不重教师概括总结

领悟是学生克服心理不适应、促进自身发展的关键，它往往伴有深刻的认识飞跃，即使学生的自我升华还比较幼稚，教师也不可越俎代庖。

三、心理活动课常见的教学方式

（一）团体活动

团体活动是在团体成员的交互作用下，通过活动使个体观察、学习、体验，

认识自我，改善与他人的关系，学习新的态度与行为方式，发展良好的、适应的行为方式。由于团体活动以学生为主体，活动中突出体验性，寓教于乐，身心放松，因此逐渐发展成为学生比较喜欢的课堂教学形式。按照一般团体活动的实施进程，团体活动大致包括暖身活动（破冰活动）、主题活动和活动分享三个部分。

团体活动的开展不是严格意义上的团体辅导，而是更多借助团体活动来开展教学，团体活动的设计与开展是最为核心的。一节课可以只有一个活动，也可以开展几个活动。活动的开展要充分，学生的体验与感受才会深刻。

（二）角色扮演

角色扮演指根据教学内容设计一定的主题情境和表演要求，让学生通过扮演人物角色，尤其是揣摩演出人物的语言、行为与心理活动，感受人物的心理活动与情感，进而促进扮演者、观看者的深入思考与体验。

角色扮演给学生创设了身临其境的机会，是体验式教学较为常用的方式之一。在教学实践中，角色扮演有多种形式，包括让别人演自己的镜像表演、还原生活中真实情境的模拟性表演、预想情境的预表演，甚至是无言语的肢体性哑剧表演等，教师可根据教学内容与进程安排选择角色扮演的具体形式。

（三）案例教学

案例教学以故事的形式带入情境，也是调动学生参与性的有效活动形式。案例教学主要以主题突出、内容生动、切合实际的案例导入，引发学生的分析、思考或讨论，让学生在解读他人故事的同时反思自我，间接性习得相关经验，促进自身心理发展。案例教学实施的关键是故事的选择，一般以身边的故事为宜，启发性更强。名人故事具有一定的示范效应，也可以作为案例教学的题材。

案例是课堂的引子，还可以作为索引为教学提供多种服务。利用案例建立与学生的联系，谈自己在生活实际中如何处理与案例类似的状况。也可以利用案例进行故事叙事的改写，了解学生对事件的深入认知。案例还可以应用在实践技能训练上，让学生根据案例提取出更多的应用性方法等。

（四）心理训练

心理训练是应用心理学理论与技术于实践中的"仿真"情境，让学生身处其中，模拟相关场景，而不断调整自己的心理与行为的方法。心理训练由于有一定的情境性，注重行为操作，易于产生真实体验，是体验式教学的方式之一。心理训练主要通过情境的创设，让学生进行自我体验，进而掌握心理调节的策略与方法。常见的心理训练方法包括放松训练、暗示训练、音乐放松训练等。

附：心理活动课教学设计

认识你真好

【活动目的】

1. 消除班级新成员之间的陌生感和拘束感，迅速熟悉融洽起来。
2. 使学生在团体中尝试积极体验，享受亲密感和归属感。
3. 培养新生与他人相处和合作的能力，加强学生的团体归属感，增强新班集体的凝聚力。
4. 促进新生加深自我认识，增强自我在团体中尽快适应的信心。

【活动过程】

一、热身活动：大风吹

（一）活动规则

"大风吹"是热身活动，旨在活跃气氛，调动学生参与的积极性，激活学生的反应，并且通过概括一部分学生的特点，可以督促学生仔细观察新同学的特征并归类，消除紧张和拘束。活动时间为5~10分钟。

（二）老师引导

老师：同学们来自不同的学校，对新学校、新班集体、新同学都很陌生，为了消除大家的拘束和紧张，下面我们共同来做一些活动，第一个活动是"大风吹"。现在老师站在圆圈的中间，暂时主持，我说"大风吹"，大家一起大声喊"吹什么"，我说"吹所有梳小辫的同学"，那么所有符合这个特征的同学就要离开自己的位置，去抢其他同学的座位。老师也一样。如果谁没有抢到椅子就要站到中间做主持,开始下一轮活动。大家记住:你要概括一类人的特征,比如说所有姓张的同学或所有的男生等。好,游戏开始!

二、团体活动:无家可归

(一)活动规则

"无家可归"使学生体验与集体分离带来的压力和焦虑之后,才能更好地体验重回集体满足归属的需要而带来的安全感,能够更好地感受集体的温暖。时间约20分钟。

开始时让全班成员手拉手围成一圈,充分体会大家在一起的感觉。然后,主持者说"变,四个人一组",成员必须按照要求重新组成四人组,形成新的"家",或者再说别的数字,成员按规定数字组成新的"家"。

请那些没有找到家的人谈谈游离在团体之外的感受,学生大多会谈到孤独、孤单、被抛弃、没依靠、失落等;也可以请团体成员分享和大家在一起的感觉,学生大多会表达温暖、有力量、安全、踏实等。主持者可以多次变换人数,让成员有机会去改变自己的行为,积极融入团体,体验有家的感觉,体验团体的支持,从而更加愿意与团体在一起。

(二)老师引导

老师: 每个同学都有家,都有班集体,家给我们温暖和庇护,班集体给我们力量。如果没有家,会是什么感受呢?

学生: 孤独,难受。

老师: 是啊,下面我们通过游戏来体验一下这种感受。我说"四个"时,那么四位同学把手拉起来,说明你们组合成了一个家。如果谁最后"无家可归",我会对他进行采访。最后无家可归最多的同学我会让他当我们下一个活动的主角!好,下面活动开始!

(三)分享感受

老师: 下面我们对总是"无家可归"的同学进行采访。有没有自己想表达的同学?这位同学,你能告诉大家,当别人都有了自己的"家",而你却孤孤单单的一个人,你有什么感受?

甲生: 很难受,很孤单,觉得自己被抛弃了。

老师：是啊，觉得不舒服，当你在下次活动中找到了自己的家又是什么感受？

甲生：觉得一块石头落了地，心里踏实了。

老师：是啊，当我们有家了，心里就会觉得有底了，这就是归属感带给你的。还有哪位同学想说说自己的感受？

乙生：我觉得有些紧张，还有些慌张，不知所措，但不知道是因为什么，想下次赶紧找到伙伴。

老师：好的，这位同学把自己的感受说得很详细，说明他很投入，有感悟。是的，如果我们没有"家"，我们会感到焦虑或者紧张，这说明归属是我们与生俱来的需要。从这个活动中，大家受到什么启发？

甲生：我们每个人都需要有集体、有"家"。

（四）小结

老师：作为一个个体我们总是归属于一个家，归属于一个团体，都希望被集体所接纳、所支持。

三、团体活动：心有千千结

（一）活动规则

此活动需要小组成员共同努力才能快速完成，引申到现实生活中，引导小组成员体悟到班集体需要人人奉献、需要班级成员共同努力，才能将班级建设得更好。

（二）活动过程

老师：通过报数把学生分成9~10个人的小组，每个小组的成员牵起手围成圈。记住自己的左右手拉的分别是谁的左右手。音乐或者拍子响起时，在附近自由移动，音乐或者拍子停下，原地站立，再牵起原先的手。比如你左手本来是A的哪只手还是A的哪只手，不管你旁边打乱后站的是谁，这样大家的手就成了交叉状的。大家再一起齐心协力回到原来的位置上去，过程中手不能松。游戏的高潮就是队员紧握着手，通过"钻""绕""转身"等动作，努力解开网状，重新形成一个圈。

（活动开始。先解开的学生欢呼雀跃，最后剩下一组。学生再次活动，

开始重复上述内容）

（三）分享感受

老师：好的，我们对刚才最后解开的小组进行采访。小组的成员来谈谈你们在大家都解开的前提下，自己没有解开是什么感受？最终这个难解的结解开依靠的是什么力量？

甲生：感到很焦虑、很着急，但是越急越解不开，这时候必须沉住气，大家都要动脑筋想办法。最后其他组的同学们也帮助我们想办法，给了我们信心，最后大家齐心协力就能解开。

乙生：我觉得这个结就是彼此制约、彼此牵制的，少了谁都不成，所以每个同学都要积极地发动起来，在集体的智慧中，问题就会自然而然地解决。

（四）小结

老师：大家都有很深刻的体会和感受，正像大家所说的那样，只有依靠集体，互相帮助，互相支持，才能解开生活和学习中的一个又一个结，战胜一个又一个困难！

【总结升华】

老师：同学们，通过这次活动，大家对彼此有了新的感受和了解，希望同学们在以后的学习生活中互相帮助、互相支持、共同进步，一起解开我们在成长中遇到的无数的"千千结"，让我们的班集体更加温暖、更加优秀。

尺短寸长

【活动目的】

1. 通过游戏，让学生学会接纳他人的短处，取长补短。
2. 培养学生在体验团队合作中的扬长避短。
3. 学会策划与分工合作，服从指挥和领导。

【活动准备】

眼罩、口罩、短绳、篮球、书本、塑料凳子、泡沫垫等物品。

以宿舍为单位，每个宿舍坐成一圈。每个宿舍选取一名记录员，负责记录小组讨论的结果。

【活动过程】

一、故事引入

有一天，五根手指吵架了，大拇指说："我最粗壮，主人每次表扬别人都把我举得高高的，所以我最厉害！"食指不服气地说："我最灵巧，主人做什么事都离不开我，所以我最厉害！"中指得意扬扬地说："我长得最高大，我最棒！"无名指娇滴滴地说："主人把最漂亮的戒指戴在我的身上，我也很优秀！"小拇指细声细气地说："别吵啦别吵啦，我才是最棒的，你们没看到，主人挖耳朵都离不开我呢！"五根手指谁也不服谁，吵得不可开交。

老师（提问）：有句俗话叫"尺有所短，寸有所长"，大家思考一下故事中的五根手指出现了什么问题？带着这个问题，我们分享一下今天的话题："尺短寸长——人际交往之学会欣赏"。

二、活动体验一：心理剧《最近比较烦》

班里有几名同学，谁也瞧不起谁，都认为自己很好而别人有很多问题，相互抱怨，后来……

（学生现场心理剧，正当剧中人物争吵得不可开交时，老师进来制止了他们的争吵）

分小组讨论：①剧中的人物表现出了哪些问题？②这些问题对他们产生了什么样的影响？

三、活动体验二：风雨同行

老师：同学们，既然心理剧中的人物出现了那么多的问题，并且这些问题对他们的生活产生了那么大的影响，我们该如何帮助他们解决这些问题呢？首先我们做一个小游戏。

（一）活动规则

1. 8人一组，在8人中规定有2个"盲人"、3个"无脚人"、2个"无手人"、1个"哑巴"。在角色分配完成后，按要求，"盲人"戴上眼罩，"哑巴"戴上口罩,"无脚人"捆绑双脚,"无手人"捆绑双手。

2.小组成员要把指定的所有物品从起点搬运到终点。起点到终点设置路障,大家不可以碰触路障,否则为失败。同时如果角色扮演不够到位,如盲人偷看、哑巴说话等均须返回重做,越过所有路障到达终点为胜利。

3.每组的所有成员和分配到的物品,要求集体配合、共同承担,一次搬运到终点为成功。

(二)小组讨论分享

1.通过这个活动你有什么样的感受?

2.活动能够取得成功的主要因素是什么?

3.这个游戏对解决心理剧中人物的问题有什么启示?

(三)教师总结

1.每个人都有自己的长处和短处,人与人相处的过程中不能只看到别人的短处,也要看到别人的长处,要学会欣赏,懂得借鉴别人的长处。

2.班级同学在相处中,好多不必要的冲突、矛盾都是由于盯着别人的短处和不足造成的。

3.在相处中,要认清团结、友爱、互助比讽刺、挖苦、打击更能获得别人的好感。

4.做任何事情都是与别人合作的过程,在这个过程中你帮助了别人,也得到了别人的帮助。

四、体验欣赏的魅力

环节一:教师引导

老师:同学们,游戏做完了,我们再来看看一开始老师讲的五根手指的故事后来是怎么发展的。正当五根手指吵得不可开交时,扫帚大叔来了,扫帚大叔说:"别吵啦,谁能拿起我,把地扫干净,谁就是最棒的。"大拇指首先说:"我来试我来试。"可是它使了半天劲儿也没拿起来,更别说把地扫干净了。其他手指分别试了试,但谁也没能完成任务,它们垂头丧气起来:"难道我们一点本领也没有吗?"扫帚大叔说:"你们合起来试试。"五根手指合在一起,抓起扫帚,很快就把地扫得干干净净。

（故事首尾呼应，让学生感悟到相互欣赏的魅力）

环节二：让演了一半的心理剧接着演

正当剧中人物争吵时，老师来了，和同学们共同为他们想了一些解决问题的办法，然后……（通过剧中人物的前后变化，让学生切身体会到相互欣赏的魅力）

五、活动体验三：你在我心中……

让每个小组的学生坐成一个圆圈，每个人面对的是前面同学的后背，把手中的彩纸放到前面同学的后背上，然后在纸上写出前面同学的优点。写完后，邀请某个小组的同学到讲台上，依次读出所写的内容。读时，写的同学要和被评价的同学面对面站着。

（每个人都希望得到别人的表扬。设计这个环节，是为了让学生之间相互欣赏，让同学彼此之间更加和谐）

六、结束语

老师（总结）：世界从来不缺少美，缺少的是发现美的眼睛。我们每个人其实都有不完美的一面，即所谓的长处与短处。我们在成长的过程中，也会遇到各种各样的"风雨"挫折。但假如你懂得寻找别人的长处，懂得欣赏别人的优点，懂得你的老师、同学，你的宿舍，你的班级，你的团队是你最大支持者的话，那么你就可以"风雨兼程，勇往直前"，因为你始终不是一个人在奋斗。

感恩的心，感谢有你

【活动目的】

1. 让学生体验生命成长历程中得到的帮助与支持。
2. 激发学生对周围人感恩的情绪情感。
3. 促成学生感恩的行动，努力以自己的实际行动创建美好、和谐社会。

【活动过程】

一、热身活动

课前播放歌曲《感恩的心》，播放歌曲的同时可以找学生表演手语。

二、故事引入

那天,她跟妈妈吵架了,一气之下,她转身向外跑去。

她走了很长时间,看到前面有个馄饨摊,这才感觉肚子饿了。可是,她摸遍了身上的口袋,连一个硬币也没有。

馄饨摊的主人是一个看上去很和蔼的老婆婆。老婆婆看到她站在那里,就问:"孩子,你是不是要吃馄饨?""可是我忘了带钱。"她有些不好意思地回答。"没关系,我请你吃。"

老婆婆端来一碗馄饨和一碟小菜。她满怀感激,刚吃了几口,眼泪就掉了下来,纷纷落到碗里。

"你怎么了?"老婆婆关切地问。

"我没事。我只是很感激!"她忙擦干眼泪,对老婆婆说,"我们不认识,而你却对我这么好,愿意煮馄饨给我吃。可是我妈妈,我跟她吵架,她竟然把我赶出来,还叫我不要再回去了!"

老婆婆听了,平静地说道:"孩子,你怎么会这么想呢?你想想看,我只不过煮了一碗馄饨给你吃,你就这么感激我,而你妈妈煮了十多年的饭菜给你吃,你怎么能对她不心怀感激呢?"

三、心理游戏:生命中的贵人

1.把自己的名字写在最里面的圈内,根据对自己成长产生影响的程度,从内向外(越靠近中心,表示影响的力度越大)依次填写你生命中的贵人。

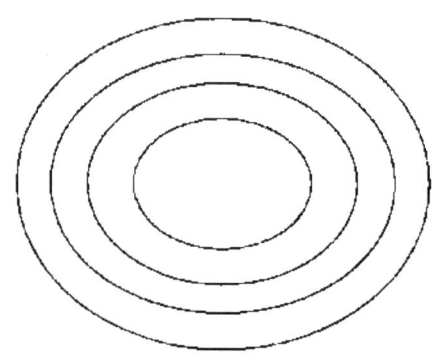

(在学生写的过程中,教师播放背景音乐《感恩的心》)

2.小组分享：①对你很重要的人分别是谁？他们的出现对你的成长有什么影响？②如果让这些重要的人从你生命中消失，只能留下一个人，你会留下谁？理由是什么？

3.请每组选出代表，跟全班共同分享心得。

四、感恩行动

老师（总结）：所谓幸福，是有一颗感恩的心、一个健康的身体、一份称心的工作、一个深爱你的人、一帮可信赖的朋友。人最重要的是学会感恩，也只有一个懂得感恩的人才会真正地拥抱生活、享受真情。感谢父母给了你生命，感谢老师给了你知识，感谢朋友给了你关心帮助，感谢国家给了你和平的年代，感谢学校给了你舒适的环境，感谢蓝天给了你明媚的阳光，感谢大海给了你广阔的胸怀，感谢高山给了你宏伟的愿望，感谢溪流给了你跳跃的心灵，感谢暴风雨给了你搏斗的勇气……让我们以感激的心情来看待世上的一切，感谢生命，感谢自然，天天都要生活在感恩的世界里。

假如今天是感恩节，请你设计自己的感恩计划。生活中你需要感谢的人有很多，现在请你选择三个最想感谢的人，然后设定表达感恩的方式和时间。

A.每个人独立设计自己的感恩计划，并列入下面的方框内。

B.在小组内交流自己的感恩计划，并选出一个最具创意的计划和一个最感人的计划，然后请入选者参加全班交流。

C.请你将感恩计划付诸行动，并把行动的结果和自己的心得体会记录下来，一起分享。

我感谢

我感谢

我感谢

我的"鸭梨"我做主

【活动目的】

1. 了解压力与成就之间的关系。
2. 学会分析自己的压力源。
3. 学会用积极的思维调节压力,使压力和能力相协调,从而形成积极乐观的生活态度。

【活动过程】

一、活动导入:乌龟与乌鸦

（一）活动规则

保持注意力高度集中,左手手掌向下撑开,右手食指竖起。当听到"乌龟"这个词时,左手迅速抓起左边同学的右手指,同时自己的右手指立即挣脱右边同学的左手掌。

游戏结束后引导学生思考。

老师:游戏带给同学们的感受是什么呢?有没有一种紧张、焦虑的感觉?心理学上认定,个体因对一件事物有期待而产生的焦虑情绪即为压力。比如考试中我们就会有这种感觉。今天我们就来一起认识一下压力。

（一）**知识讲解:认识压力**

进一步引导学生思考:既然压力会让人感到紧张不安,那是不是压力越小越好呢?你是怎么看待压力的?

老师（总结）:心理学研究表明,人的压力与个人成就之间呈"U"形曲线,这在心理学上叫作"耶克斯－多德森定律"。也就是说,完全没有压力和压力过大,对我们的个人成绩都会产生不良影响。那应该怎样调节自己的压力水平使之处于最佳位置呢?

（二）**自身压力源探索:我的压力网**

老师（引导）:首先我们来了解引起同学们自身压力的原因也就是压力源都有哪些,我们一起来画"我的压力网"。

以"我"为中心,在白纸上画上三个大小一样的方框,写出你目前感受到的各种压力。

上边框：写出由于自身原因所承受的压力，比如考试的压力、身体的疲劳、忙碌的学习等。

右边框：写出由于人际关系所承受的压力，比如父母的期望、朋友的关怀、同学的竞争、老师的督促等带来的压力。

左边框：写出由于社会环境所承受的压力，比如就业的竞争、经济的压力、环境的干扰、天气的变化等。

（学生分享自己的压力网。）

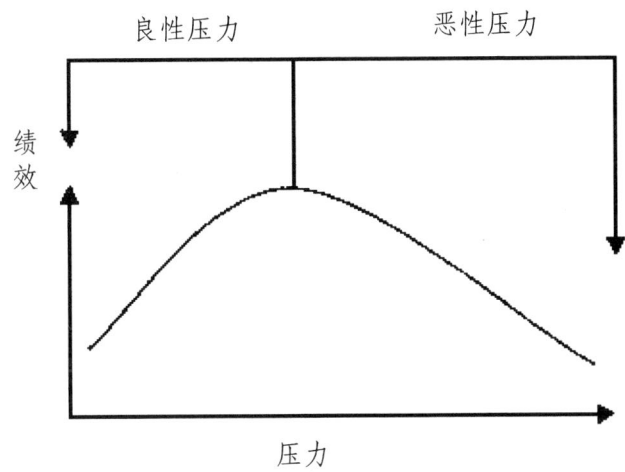

老师（总结）：我们每个人都承受着大大小小的各种压力，你刚才画的压力网越大，条目越多，说明你目前感受到的压力就越大，需要积极调解和管理。

（三）压力调节：删一删压力网

老师：如何管理我们的压力呢？首先我们来看看刚才画的压力网，想想看哪些压力是你通过自身调节可以消除或者降低的，把它们划掉。再想想看哪些压力是现在不需要调节就可以承受的，把它们也划掉。

（同学们分享完自己的压力网现在的情况，老师引导）

老师：剩下的这些压力就是需要我们认真分析对待，努力去调节和缓解的。

二、心理游戏：一杯水的接力

老师（引导）：这些剩下的压力，我们在承受时感受如何呢？该如何调节呢？当你拿着这个水杯时，你想到了什么？下面我们做一个心理游戏，或许你会从中找到很多答案和感受。

（一）活动规则

六人一组，依次传递一杯水。拿水杯的同学扮演凡人，水杯左边的同学扮演天使，水杯右边的同学扮演恶魔，大家轮流扮演。担任凡人者说出让自己觉得有压力的事件；恶魔要让凡人压力更大，说出使凡人压力更大的话；天使则要帮助凡人解除压力，说出使凡人压力变小的话。每次由天使先说30秒，然后恶魔说30秒，直到每人分别扮演过三个角色为止。

（二）小组讨论

1. 说说你刚刚扮演不同角色时的感受。
2. 在游戏中你感受到自己的压力变化了吗？为什么？
3. 扮演凡人时，面对天使和恶魔说的话，你的感受如何？
4. 从这个游戏中你能想到一些什么方法来调节自己的压力？

学生分享感受，教师总结。

（三）调节压力的方法

1. 更有效地组织学习：合理的作息时间和学习计划。
2. 适当运动：每天抽时间做适量运动，如散步、变换一下环境。
3. 食物减压：吃自己喜欢吃的东西或者其他一些补脑的食物。
4. 享受个人空间：在学习之余，可以多和家人、朋友在一起。
5. 睡眠减压：学会午休，保证旺盛的精力，劳逸结合。
6. 学习一些缓解压力的小方法，如放慢呼吸节奏，通过调节生理节奏来缓解压力。
7. 运用积极的自我暗示，培养积极的心态。

三、实战演练

课件展示案例，小组讨论怎样帮助案例中的同学缓解压力，解决其问题。

四、总结升华

老师： 有位心理学家曾形象地说，压力就像一根小提琴的弦，没有压力，就不会产生音乐；但是，如果琴弦绷得太紧，就会断掉。这节课我们认识了压力并学习了压力的调节方法。希望同学们能够在自己的生活中奏出美妙的乐章。请同学们一起朗读。

如果你认为你被打败了,那你就是被打败了。

如果你认为你不敢,那么你就是不敢。

如果你想取胜,却认为你赢不了,

那么几乎可以肯定,你将不会取胜。

如果你认为你将失败,你就确实失败了。

因为我们发现,在世界上,

成功开始于一个人的美好愿望,

取决于一个人的心理状态。

如果你认为你是出色的,那么你就是出色的。

你要相信自己能飞得很高;

你要相信自己能做到最好!

在生活的战场上,

并不总是强壮或者聪明的人取胜。

但是最终取胜的人,

一定是那些认为自己能胜的人!

合作之美

【活动目的】

1.了解合作的重要性。

2.掌握促进良好合作的条件。

3.增强合作意识和合作能力。

【活动方法】

情境体验法,小组讨论法,讲解法。

【活动过程】

一、热身活动,引出主题

小小伴奏家:全体学生为歌曲《We Will Rock You》伴奏。跟着歌曲节奏拍两下桌子拍一下手,当歌词中出现"We Will Rock You"时跟唱。

请学生回答:要很协调地完成这个小活动都需要些什么?

老师(小结):一个人要想很好地完成这个伴奏需要眼、耳、口、手的互相配合、合作,一个班级要想很整齐地伴奏也需要合作和配合。接下来,我们这一节课所探讨的就是"合作"这个话题。

二、心理小实验,凸显合作的重要

在课堂上组织学生参与心理小实验:以一批精美的书签为奖品,让参与实验的学生两两结合,但是彼此不能商量,各自在纸上写下自己想得到的书签数量。如果两个人写下的数量之和刚好等于或者小于10,那么,两人就可以得到自己写在纸上的书签数量;如果两个人的数字之和大于10,那么,他们俩就不能得到奖品。

最后的结果显示为:绝大部分学生写下的数量等于或者小于10。请学生回答:为什么会出现这样的结果?

老师(小结):相互之间不能协商合作。假设可以协商的话,奖品肯定会所剩无几。所以,要想取得共同利益就必须选择合作,意识到在这种情况下合作是非常重要的。

三、心理游戏:棉花糖挑战

(一)活动规则

四人一个团队,在10分钟内用20根吸管、一卷胶带、一卷细线、一粒棉花糖构建一座高塔,把棉花糖放在顶端。规定时间内建塔最高的组为胜,最低或没有完成任务的为败。

(二)活动过程

教师注意观察各个活动小组出现的情况,例如,有的小组各执己见导致任务不能按时完成,有的小组建塔没有计划和策略等。在交流分享时要特别邀请其分享感受。

(三)交流分享

1.小组讨论:①你们小组在活动中促进和阻碍完成任务的因素分别有哪

些？②活动中你有哪些特别深刻的感受？③通过小组活动,你发现需要哪些要素才能有良好的合作？

2.全班分享讨论结果,在分享中特别邀请胜利组和失败组成员各自谈成功的经验、失败的教训以及活动感受,为什么建塔会最高？为什么建塔会最低或失败？出现了什么问题？

3.根据学生的总结和老师的引导归纳出良好合作需要的八大要素：①目标一致协同合作；②团队利益至高无上；③领导有力听从指挥；④计划周密策略正确；⑤分工明确责任清晰；⑥分享经验坦诚沟通；⑦良好个性专业知识；⑧人人参与相互鼓励。

四、实践活动：万里长城永不倒

（一）活动规则

全班分成两组,每组围成一圈,并不断缩小圆圈。每人要坐在后面成员的大腿上,双手放在前面成员的肩膀上。

（二）活动过程

给各组3分钟的时间,去商讨策略、互相打气、确定组长以及练习实践,最后看看哪个小组可以坚持1分钟保持队形连续走动且不松垮。

五、总结升华

1.观看视频《千手观音》片段,使学生更强烈、更深刻地感受到"合作之美",在心灵上产生共鸣。

2.老师总结。

老师：聋哑人表演的美轮美奂的《千手观音》可以让同学们从心灵上体会到"合作之美"的震撼。其实合作很简单,它可能仅仅是一句问候、一个微笑、一次搀扶,甚至是一个眼神,却拥有巨大的作用——可以让复杂的事情变得简单,让欢乐成倍增多,让痛苦加倍减少。愿大家都能在合作中获得更多、更大的人生价值。

第四节 班级心理委员制度的运行

班级心理委员作为学校心理健康教育工作的重要组成部分,扮演着多种角色,发挥着重要作用。班级心理委员的设立要达到两个目的:一是校园心理健康的防控,逐步建立、健全辐射到每个班级的全校心理健康监控体系,目的是及时发现和预防学生中的心理问题,减少精神疾病的发生,减少校园危机事件,做到提前防范、实时监控、及时发现、及时疏导。二是逐步建立健全辐射到每个班级学生的心理素质拓展体系。通过丰富多彩的校园心理健康教育活动等,优化、提高学生的心理素质,培养学生的健全人格。以下将从班级心理委员的选拔、培训、工作模式、工作原则等方面进行详细阐述。

一、进行班级心理委员的选拔

作为学校心理健康教育的主体之一,班级心理委员的素质将成为班级心理健康教育的关键,因而认真做好心理委员的选拔工作十分必要。根据助人自助的原则,班级心理委员应该是班集体中既能助人又能自助的心理健康的学生,他们应该是班集体中良好心理氛围营造的核心与辐射源,为此,我们提出了以下选拔标准。

1. 在同学中有较好的群众基础和良好的人际关系,乐于助人,有奉献精神。
2. 关心集体、关心同学,热心班级心理健康工作,具有服务意识。
3. 为人开朗、乐观,心理健康状况良好,具有良好的心理素质。
4. 善于与人沟通,具有一定的语言表达能力。
5. 具有一定的组织、协调能力。
6. 个性沉稳,善于合作,善解人意,有敏锐的观察力。
7. 对心理学比较感兴趣。
8. 工作责任心强,具有良好的道德品质,能严格遵循心理健康教育工作中的保密原则。

选拔方式：通过自主报名、同学推选与班主任审核三者相结合的办法，产生候选人名单，然后公示，征求同学的意见。

二、组织班级心理委员进行培训

班级心理委员必须经培训合格后方能上岗。培训内容主要包括以下几方面。

1. 树立积极的心理健康观念。了解心理健康对个人成长发展的重要性；明白心理问题产生的原因及如何对待有心理问题的同学；知道正确的心理咨询观念，如何接受心理咨询；掌握宣传心理健康观念的方式、方法。

2. 掌握必要的心理学知识。

3. 懂得一些调节心理状态的方法和技巧。

4. 学会朋友间心理辅导的基本观念与方法。

5. 参加团体心理辅导，体验团体辅导的魅力，掌握开展团体辅导的方法。

6. 熟悉人际沟通的基本知识与技巧。

三、确立班级心理委员的工作模式

1. 定期报告。定期向心理咨询室报送班级心理健康状态晴雨表，分别从学习、生活、交往、情感、危机事件、综合评价等多个维度对本班同学的心理健康状态进行报告和反馈。

2. 危机事件及时反馈。对班级中可能或即将发生的危机事件，及时以书面或口头形式向班主任、心理咨询室反馈，避免恶性事件的发生。

3. 心理健康教育宣传。能根据本班的实际情况通过心理健康月系列活动、校园心理剧大赛、心理宣传视频、心理知识展牌、黑板报、手抄报、演讲等形式宣传、普及心理健康知识。

4. 配合心理咨询室，以开展团体心理辅导或讲座的方式解决班级同学存在的共性问题。

5. 结合本班学生的现状，在心理教师的协助下开展心理调查研究。

6. 在参加心理咨询员的培训基础上，对有需求的学生进行朋友间的心理辅导。

7. 协助班主任做好班级心理健康教育工作。

8. 协助心理辅导教师建立、管理学生心理档案,开展心理健康方面的调查。

总之,班级心理委员制度是学校心理健康教育向班级内学生延伸的重要方式,心理委员的自身素质、工作态度、工作效果将极大地影响班级同学对学校心理健康教育活动的了解和心理健康水平的提升,是班级心理健康教育的关键。所以,班级心理委员制度的确立和执行是学校心理健康教育与班级心理健康教育顺利衔接的重要保障。

附:班级心理委员模式开展方案

一、心理委员工作制度宗旨

各班心理委员协助学校心理咨询室开展心理知识的宣传普及工作,组织团体性心理活动,提高全班、全校学生的心理保健意识和心理健康水平。促使学生关注心理健康,提高心理素质,健全人格,增强承受挫折和适应环境的能力,预防学生中各类精神疾病和变态心理的发生,促进健康班级的形成,优化班级学习氛围,优化学生的学习品质。

二、班级心理委员的日常工作

1. 定期向心理咨询室报送"班级学生心理状态晴雨表",分别从学习、生活、交往、情感、危机事件、综合评价等多个维度对本班学生的一周心理状态进行报告。

2. 结合本班学生的现状开展调查研究,促进、改善班风、学风,解决本班学生的心理问题,促进学生学习水平的提高。

3. 在参加心理委员培训合格的基础上,对有需求的学生进行个体心理辅导工作。

4. 组织策划心理健康活动,并及时将组织的活动通过报纸、网站等途径宣传出去。

5. 心理委员负责全班学生的心理健康教育,协助班主任和心理教师共同创建健康班级和健康校园。

6.协助心理教师做好学生心理健康状况的调查和心理健康知识的宣传与普及工作。

7.定期利用班会课、团活动面向全体学生开展适合本年级、本班级的心理素质拓展活动。

三、心理委员的选拔与推荐

心理委员每班男女生各一名,具体要求如下。

1.在同学中有较好的群众基础和良好的人际关系,乐于助人,有奉献精神。

2.关心集体、关心同学,热心班级心理健康工作,具有服务意识。

3.为人开朗、乐观,心理健康状况良好,具有良好的心理素质。

4.善于与人沟通,具有一定的语言表达能力。

5.具有一定的组织、协调能力。

6.个性沉稳,善于合作,善解人意,有敏锐的观察力。

7.对心理学比较感兴趣。

8.工作责任心强,具有良好的道德品质,能严格遵循心理健康教育工作中的保密原则。

选拔方式:通过自主报名、同学推选与班主任审核三者相结合的办法,产生候选人名单,然后公示征求同学的意见。

班级学生心理状态晴雨表

周次	第　　周	班级		填表人	
项目	具体情况				
本周班级重大事件					

续表

周次	第　周	班级		填表人	
本周班级学生主要心理动态情绪状况	学习方面				
	生活方面				
	人际交往方面				
本周经历重大事件学生情绪行为状况	包括姓名、性别、主要问题等详细信息				
本周特殊学生情绪行为状况	包括姓名、性别、主要问题等详细信息				
是否有危机事件					
班级亮点					

续表

周次	第　　周	班级		填表人	
班级心理健康状况综合评价	□优秀　□良好　□应引起关注　□危机中				
意见建议	对班级建设的建议： 工作中遇到的困难：				
心理咨询室查阅意见					

注：

1. 晴雨表每周做一次记录，由班级心理委员完成并交与班主任查阅。

2. 年级负责同学每周一收齐本年级晴雨表后交与学校心理咨询室查阅，指导老师应给予登记或评价，如有特殊情况应及时上报。

3. 如有危机事件，应立即上报班主任和学校心理咨询室。

第五节　学生心理档案的建立与管理

学生心理档案是学生过去或现在生活、学习活动中直接形成的关于个体心理健康有保存价值的文字、图表、声像等材料。中学生心理档案一般包括家庭环境材料、学习生活事件及反应方式的材料、人格特质材料、心理健康各种指标（适应性、智力正常、正视现实；情绪稳定、乐观积极；反应适度、行为有序；个体健全、自我表现）的具体材料等。心理档案不能仅仅依靠心理测试或问卷获得，获取心理档案还可以通过访谈、观察等途径。

心理档案是教师了解学生、诊断学生心理问题及其成因的有效途径，也是学生自我了解的有效方式，它对学校心理健康教育及思想品德教育的开展具有现实意义。这将为学生身心健康发展提供动态的监测手段，为全面提高教育教学质量提供有效帮助。建立学生心理健康档案已成为中小学学生管理工作的新课程。

一、学生心理档案的建立过程

1.高一新生入学后，一般在军训期间即进行全体高一新生的心理健康普查，普查内容一般包括适应性、气质类型、自我悦纳程度、高中生心理健康症状自查量表等。建立最初的心理档案，一般该项工作由学校心理咨询室和高一年级共同完成，通过问卷调查和心理测试，由心理专业人员对获取的数据进行分析、得出结论，筛查出情况异常者及时进行干预。

2.个别访谈，鉴别诊断。收集各班的新生信息，采取给学生本人打电话或发邮件的方式，直接向被筛查出来的学生发出访谈邀请。平均每人需要20~30分钟时间以对其是否有心理问题、问题类别、严重程度等进行鉴别分类，以便进一步采取有针对性的干预措施。依据访谈结果，对需要进一步咨询辅导的学生制订详细的咨询方案，并针对实际情况进行跟踪咨询服务，对有精神分裂症、严重的神经症及自杀倾向的学生及时与相关人员沟通，提出转介专业医疗单位诊断、休学回家治疗等建议。

3. 对新生的所有资料，包括学生的自然情况、测试结果、访谈情况、干预措施归档，装订成册，建立心理健康档案（分文字档案和电子档案两种），为以后的主动干预、咨询与心理教育工作做好资料储备。

4. 心理档案初步形成后，每周要求班主任和心理委员填写"班级心理健康晴雨表"，对晴雨表中提到的某些情节严重的同学，将其心理健康情况记入其档案。要遵守保密原则，每位学生的心理档案保留到该生毕业离校。

二、学生心理档案的管理过程

心理档案管理系统的构建必须考虑到三方面的问题：一是管理队伍的建设，二是信息的采集与分类，三是信息的权限分配及主体（学生、教师、管理人员）与系统（心理档案管理系统）之间的动态互动作用。

1. 管理队伍建设。从心理档案的产生过程看，家长、班级、年级和学校心理咨询室都会产生学生心理档案。因此由哪个部门牵头，或者各个部门的分工协调工作是首先需要解决的。

2. 心理档案管理系统输入的信息是评估学生心理健康状况及对学生进行预防性心理教育的重要依据，因此，信息输入和分类是设计学生心理档案管理系统的首要步骤。学生心理档案管理系统应该采集的信息与分类如下。

（1）学生的基本信息：姓名、性别、民族、年龄、学号、学院、专业、年级、生源地、爱好、特长、学生本人联系方法、家庭住址及联系方法、家庭主要成员及其工作单位和职务、家庭经济状况、家庭成员的健康状况等。

（2）心理测量信息：人格、气质类型、需要动机、学习态度、心理状况（如抑郁、焦虑）等，主要是卡特尔16种人格因素测验（16PF）、症状自评量表（SCL-90）等心理测量表评估结果。

（3）统计信息：上述信息的分析报告、心理状态发展报告等。

（4）动态反馈信息：心理咨询及心理训练记录，心理问题或心理危机干预效果的发展报告。

（5）心理危机预警信息：心理偏常态的个体预警，如自杀倾向、重度抑郁或焦虑等。

3.如何解决作为保密资料的心理档案与作为反馈信息的心理档案二者之间的矛盾，是构建心理档案管理系统的核心问题。信息输出必须严格遵守保密原则。学生心理档案信息的保密性和反馈之间的矛盾，可以通过选择适当的信息反馈给适当的主体，即通过不同主体享有不同信息的权限分配来解决。如学生可以拥有的信息权限仅能查阅本人信息；心理咨询教师拥有全部信息的管理权限，但必须严格保密，受专门制定的心理档案管理条例的约束；学校管理人员只能查阅按校、年级、班级等分别设置相应的权限的信息。例如，保卫处在处理案件时可以查阅学生的心理个性特征，团委在选拔学生干部时可以查阅其能力及个性特征，等等。

三、学生心理档案的利用情况及需要注意的事项

1.重视对学生心理健康档案的利用，有利于促进学生的全面发展。首先，从学生个人角度而言，很多学生往往对"我是谁""我是一个什么样的人"等问题感到困惑，学习和生活中会出现过于自信或自卑的现象，诸如此类问题都根源于学生对自己没有一个很好的了解，对自己的心理特点没有一个准确的认识。学生通过对自己心理健康档案的利用，能够更好地了解自我、认识自我、正视自我，并能够有意识地调节自我，使自己的心理状况沿着健康的道路发展。

2.学生心理健康档案应成为中小学学生档案的重要组成部分。目前，多数学校学生档案主要包括政治表现方面（如入团、入党的申请书、政审材料等）、学籍和学习成绩方面（如各种成绩单、学位证书等）、身体健康状况方面（如入学体检表、毕业体检表）等内容。我们可以看到，学生的身体健康状况记录是学生档案必不可少的一部分。在现代社会，身心健康同样重要。将心理健康档案作为学生档案的重要组成部分，不仅对学生、学校有重要作用，对学生走上社会、立足社会、为祖国和社会做出应有的贡献更具有重大意义。比如，现在很多单位在招聘的过程中都加入了心理测试环节以更加全面地了解学生，心理健康档案无疑更好地满足了招聘单位的这一需求，用人单位通过学生的心理健康档案能够更加全面、具体地了解学生的心理特点，可以更好地判断出学生是否适合某职位。对于学生，这就是在帮助其找准位置，找到一个适合自己的

工作，有利于减少走上工作岗位后的诸多不适应；对于整个社会，这是人尽其才、才尽其用的一种有效途径。

附：学生心理档案管理制度

1. 管理人员必须严格遵守学生心理档案管理规范，认真做好学生心理档案的保管工作。

2. 心理档案中使用的心理测试必须具有科学性，符合学生的年龄特点，且要在专业人员指导下进行测试。

3. 心理档案中对于测试结果的解释要综合考虑多方面的资料，实事求是，由专业人员做出科学专业解释和问题鉴定。

4. 心理档案建立后，后续的反馈机制和干预机制要相应实施，以确保心理档案在学校心理健康教育中发挥实质性的作用。

5. 按照档案工作程序，高效率、高质量地做好档案资料的鉴定、归档、整理、管理、移交、销毁等工作。

6. 做好各种资料的定期检查和整理工作。加强档案保管室的建设和管理，搞好防盗、防火、防潮、防尘、防有害生物和防污染等工作，确保档案材料的安全。

7. 心理档案日常必须存放在学校心理咨询室，由专业人员保管和管理。如遇到特殊情况需要查阅学生的心理档案，必须办好相应的查阅手续。

8. 在心理咨询工作中，一旦发现来访者有危害自身和他人的情况，必须采取必要措施，防止意外事件发生（必要时应通知有关部门或家属），但应将有关信息的暴露程度限制在最小范围。

第六节　心理危机及其干预机制

心理危机是人在面临自然、社会或个人的重大事件时，由于无法自我控制、自我调节、自我感知与体验而出现的情绪与行为的严重失衡状态。

处在心理危机中的人或人群除了有典型的生理方面的应激反应障碍外，通常表现出暴躁冲突或抑郁强迫、狂躁多语或孤独少言、痛苦不安或悲情难抑、绝望麻木或焦虑烦躁等严重的情绪失衡状态。研究表明，人在早年生活中较多地经历压力与创伤所带来的生理反应，将影响其自身调节、自我认同和情感表达，使其在成长过程中以及成年以后，更容易产生自我认同缺陷和情感障碍以及其他类型的精神疾病。

其实学校的心理危机还不仅仅发生在重大灾难后，危机事件还包括如食物中毒、火灾伤害、传染性疾病、暴力冲突、自杀自残自虐等。一旦出现危机事件，一般学校常常表现为一片混乱，不能在危机爆发初期迅速处置，有效控制。这暴露出学校以及师生在各类危机事件应急处理上能力的严重缺陷。因此，有效的心理危机干预应当成为学校的一项重要工作。

一、心理危机干预机制系统

该系统人员组成从上到下分别为校领导、科室主任、学校心理咨询室教师、各班班主任、各班心理委员以及学生家长。

二、心理危机预防系统

心理危机预防系统是心理危机干预系统的基础，这个环节开展得好就可以最大限度地减少外界及成长中的重大事件对学生造成的负面影响。主要通过开展心理危机相关内容的心理健康课、团活课、主题班会、发放预警手册进行相关预警知识的普及。

三、心理危机干预机制中的预警机制

心理危机预警是心理危机干预系统的重要环节。高中生成长离不开家庭、学校和社会环境。心理危机预警系统协调家庭、学校和社会三大主体，依靠家长、学校班主任、心理委员和学校心理咨询室通过多种手段和途径，进一步确定危机对象，收集相关信息、评估信息，并发出危机警报。心理危机预警系统上承心理危机预防系统，下接心理危机干预系统，起到了信息传递、信息筛选、信息整合和信息上报的作用，具体措施如下。

1. 设计中小学生心理危机干预预案。心理危机干预预案是当学生发生心理危机事件时可以根据其所预定的处理方法、路径和程序来实施危机干预，是危机干预取得成功的重要因素。在设计预案前必须对学生可能出现的心理危机事件进行深入调查研究，取得第一手翔实的资料，厘清相关的影响因素和实际需要的各个环节，对不同类型的心理危机事件所需的措施进行不同的设计，对设计的预案进行必要的检验，这样当学生的危机发生时我们的预案才能发挥积极的作用。

2. 建立学生心理健康档案，通过对档案中的学生信息进行统计，筛查可能面临心理危机的学生，通过班主任和班级心理委员进行帮助、支持，避免其陷入心理危机。

3. 定期安排仿真模拟实践，检视应急能力。学校定期安排仿真模拟实践，可以个案形式推行训练，拟定可能发生的危机模式，设计制定标准作业程序；可安排学生们扮演不同角色并模仿真实的情境，定期加以演练，事后通过危机处理小组的总结，让教师、学生都能了解状况，加强全校师生的危机感。

四、心理危机应急处理系统

有了完善的中小学心理危机应急处理系统，我们就能够在学生突发心理危机时，采取及时有效的措施，帮助他们脱离痛苦，重新开始美好的生活。

1. 发现心理危机预兆早期报告。班主任、学生干部、任课教师等发现有学生出现心理危机预兆时，应及时向学校心理健康教育中心报告，并在专业人士的指导下监控其心理危机发展的态势。

2. 针对心理危机的不同程度开展干预。对处于心理危机初期的学生，一是精神支持，使其有足够的信心，坚信自己有处理危机的能力；二是提供宣泄的机会，帮助其释放过度积聚的心理能量；三是给予希望和传递乐观精神；

四是有选择地倾听;五是劝告、直接建议和限制,即按照实际情况提出劝告和建议,限制不利情况的发生。对于受到严重精神创伤、出现严重心理危机的学生,一要报告心理健康教育中心对学生的心理健康状况进行评估或请专业精神卫生机构会诊;二要密切关注,开展跟踪咨询,及时提供心理辅导,必要时进行专家会诊;三要派专人监护,采取有力措施,确保其人身安全。对于有自杀倾向的学生,应立即将其转移到安全环境,并成立监护小组对该生实行全程监护,确保该生人身安全,同时通知家长到校。

3.制定心理危机处理的信息沟通制度。及时、畅通的校内外心理危机信息沟通对心理危机应急处理有着十分重要的影响,应事先制定各种类型和程度的心理危机的报告层级和通报范围。

五、心理危机后续支持系统

危机干预的后续干预是强化和巩固效果的阶段,一方面可以彻底解除危机,恢复心理平衡;另一方面可以促进学生心理的成长,是危机干预的重要阶段。它的存在是非常必要和不容忽视的。往往对经历过心理危机后的个体只进行紧急处理,很有可能因为处理不完整而诱发其他问题或者复发,所以心理危机后干预是非常必要和不容忽视的。在心理危机紧急处理后,应联系家长、班主任对刚刚经历过心理危机的同学进行学习和生活上的关心和支持,必要时应继续寻求心理咨询室及其他心理机构的帮助和支持,确保该生顺利度过心理危机。

第三章
特色活动课程资源开发

第一节　校本选修课程开阔学生视野

校本课程是以学校为基地进行开发的课程，是在具体实施国家、地方课程的前提下，根据学校的教育哲学科学评估本校学生的需求，充分利用当地社区和学校的课程资源，由学校成员（包括校长、行政管理人员、教师、学生、家长）和社区人士合作开发，旨在满足学生的独特性和差异性，发展学生个性特长，是可供学生多样性选择的课程。

心理健康教育是系统工程，只有在纷繁的工作中找准突破口，树立品牌，才能带动心理健康教育的良性运行。学校在基础教育改革的背景下，借助校本课程改革的浪潮，开发心理健康教育的校本课程。

中小学心理健康教育校本课程开发是心理健康教育深入发展的要求，当前正在进行的基础教育课程改革为心理健康教育的本土化、模式化提供了有利的环境和条件。心理健康教育校本课程的开发可以提高心理健康教育的针对性和有效性，从而提高心理健康教育的水平。教师在开发校本课程的同时，本身理论水平与实践能力也得到提高，从而加快了心理健康教育的本土化和发展。

心理健康教育校本课程的开发，以本校的教师为主，立足本校，在学校校本课程开发和心理健康教育的框架下，充分考虑学生的心理特点，从而开发出适合本校学生的心理健康教育课程。这样的心理健康教育课程与书本上缺乏针对性的心理健康教育不同，具有浓厚的"本土化"色彩，因此易于形成心理健康教育和课程改革的品牌，从而带动整个学校心理健康教育的开展。

中学心理健康校本课程的开发具体步骤，可以分为如下方面。

一、评估学校心理健康教育的具体实际和现有资源

随着心理健康教育的深入开展，心理健康教育如何创造出学校特色，如何真正促进学生发展，如何与现有的学校教育资源整合成为实践中的一大难题。

在基础教育课程改革的大背景下，实行国家、地方和学校三级课程管理，为解决心理健康教育实践中的难题提供了有利条件。因此，心理健康教育可以在校本课程开发的大框架下，立足于学校的实际，整合学校的现有资源，开发心理健康教育的校本课程项目。

二、确定本校心理健康教育的具体目标

结合本校学生心理健康状况，分析学生心理健康状况与心理健康标准的差异，同时根据各年级学生心理特点，确定本校及各年级心理健康教育的具体目标。

三、制定各年级心理健康教育的具体内容

学校心理健康教育的内容体系，从纵向上看包括心理健康的观念、心理健康的知识和心理健康的方法与技能，从横向上看包括与学习有关的心理健康教育、与生活有关的心理健康教育、与职业生涯发展有关的心理健康教育。但是，这些内容如何结合学校和学生的具体实际进行整合开发，则是心理健康教育实践的难题。心理健康教育的校本课程开发就是以学校为本，充分考虑学校的实际，立足于学校现有资源和条件，结合本校学生心理健康的具体标准和具体目标，遵循各年级学生的心理特点，在此基础上选题来开设校本课程。

附：心理健康教育校本课程简介

一、校本选修课《女生课堂》

高中女生有着不同于男生的心理、生理特点。比如在人际交往中，男生表达情绪的方式可能是喊叫、发泄或者动手，而女生则更容易受到"内伤"。《女生课堂》针对高中阶段女生开设，更加具有针对性，旨在通过课程认识自我、悦纳自我，学习人际交往、异性交往的方法，认识友情与爱情，学会自我保护等，使之掌握人际交往、情绪调节、异性交往、自我保护等方法和技巧，培养其积极乐观、自信自尊自爱的生活品质和心理品质。

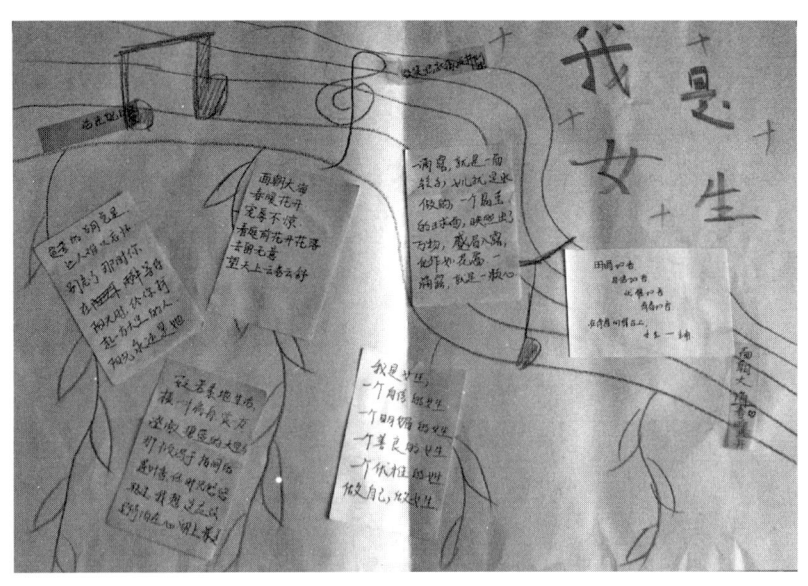

课程内容与活动安排

第一节　　团队破冰及初建

第二节　　认识自我：我就是我

第三节　　追星：理想自我的构成

第四节　　自信的智慧：潜能开发

第五节　　仪表的智慧：做一个优雅女生

第六节　　人生的智慧：昨天、今天、明天

第七节　　成败的哲学：女生不是天生的弱者

第八节　　尊严的哲学：做一个自尊的女孩儿

第九节　　人际交往的智慧：你是刺猬、面团抑或小猫

第十节　　人际交往的智慧：宽容

第十一节　人际交往的智慧：学会拒绝

第十二节　选择的智慧：人生的关键在于选择

第十三节　情绪的智慧：如何疗愈情绪的内伤

第十四节　时间的智慧：时间就是你手里的兵

第十五节　暗恋的智慧：暗恋是一杯苦涩的茶

第十六节　爱情的智慧：青春红绿灯

第十七节　自我保护的智慧

第十八节　课程总结分享

二、校本选修课《心理素质拓展训练营》

《心理素质拓展训练营》是一门运用团体动力学理论，在户外开设的学生团体心理健康教育课程，主要涉及团队合作、自信心、潜能开发、人际交往等主题，通过真实的活动体验使学生获得一种心灵上的震撼，从而促进学生的健康成长。

高中生心理素质拓展训练营（节选）

1. 疾风劲草

本活动分小组进行，8~10位同学为一组，1位同学站在中间做"劲草"，其他同学在"劲草"周围围成圈而站。"劲草"双臂交叉抱在胸前，其他同学推击"劲草"，使他不歪倒。这就要求"劲草"对"疾风"要信任，"疾风"对"劲草"要负责。这项活动既刺激又有趣，同时，可以让同学们体验对他人信任和负责的态度。

"劲草"准备好后，闭上眼睛，说："我准备好了，队友们准备好了吗？"

队友们齐声向他说："我们准备好了，请相信我们。"

2. 信任背摔

信任背摔是一项心理素质拓展活动，目的是通过这项活动建立起彼此间的信任关系。同时，这项活动还可以锻炼心理素质、克服恐惧，对学生的心理素质提升有很大帮助。活动操作如下。

背摔者的准备：背摔者站在背摔台上背对大家，两臂交叉，双臂弯曲贴近胸口，双脚并立，双腿不要弯曲和分开。

接人者的准备：每组8个队员，相对的两个队员两脚前后开立，并要求出同一条腿，重心落在微屈的前腿上，4只手臂交叉排列成一平面。同一方向队员左右肩部靠紧，手臂间隔均匀形成大的平面，并且整体呈一直线。

背摔过程：准备就绪后，老师向背摔者发出命令："可以开始了。"背摔者大声问下面的接人队员："准备好了吗？"如果准备好了，接人队员集体用肯定、洪亮的声音回答："准备好了！"其他同学大声报数："1，2，3。"之后，背摔者身体挺直后倒，双脚自然离开台面，下面接人队员将他接住，完成整个背摔过程。

三、校本选修课《生涯研习社》

《生涯研习社》通过体验式课堂教学形式，强化学生的生涯规划意识，促进学生对自我兴趣、性格、价值观以及外部环境的探索，引导学生自主规划生涯发展，提升生涯规划的能力。

课程通过创设生涯问题或活动情境，提供大量生涯探索项目与讨论式对话机会，促使学生参与到生涯探索活动之中，体验并反思自己所面临的生涯问题，与团队同学分享自己的心得体会，并结合教师的指导为自己的生涯发展制订规划。学生参与、体验和分享是课程学习的核心，课程主要内容包括：①帮助学生自我察觉、探索自我、发现潜能，助力高中生涯；②连接与生涯相关的学业信息及社会资源，拓宽视野，强化生涯技能学习；③开展生涯探索活动，通过体验式学习形成生涯规划的基本技能。

生涯访谈之高中学长访谈

高中生活丰富多彩，想必你已经迫不及待想在高中这个大舞台上大展拳脚了，真实的高中生活具体是什么样子的呢？与师哥、师姐交流一下，相信一定会对你更有启发。请访谈1~2位高二或高三学长，并完成下表。

学长姓名		学长性别		学长年龄	
联系方式	学校　　　　年级　　　　班级 电话或其他联系方式				
认识学长 方式途径	☐在校园里偶然相识 ☐参加学校活动认识 ☐相识故交 ☐同学推荐 ☐老师推荐 ☐家长推荐 ☐其他（请注明）				
高中学习	学长对适应高中学习的思考和建议				
社团活动	学长所参加的社团活动 学长对参加社团活动的思考和建议				
社会实践	学长所参加的社会实践 学长对参加社会实践的思考和建议				
大学和专业	学长感兴趣的大学和专业 学长对如何获取此类信息的建议				
其他					
访谈反思 与收获					

第二节　心理社团激发学生正能量

学生心理社团是由对心理学有共同志趣、爱好的学生自愿组成的学生群体，以宣传和普及心理学知识为主要内容，以自助、他助、助人为宗旨，以活动为载体，引导学生认识自我、提高自我，并促进其心理健康发展和人格完善，提高学生的综合素质。心理社团迎合了高中生成长发展的需求，利用所学知识做好周围同学心理问题的初级发现和辅导工作，将快乐传递给更多的人。心理社团是高中生实现心理互助、自我成长的有效方式。心理社团是心理健康教育的重要途径之一，通过开展丰富的心理社团活动，全面激发学生正能量，推动学校心理健康教育的发展，也使每一位学生受益。目前，各中学普遍建立了心理社团，并组织成员展开了一系列的活动。以下具体介绍社团组织和活动方式。

一、心理协会社团

心理协会社团是由学校心理老师组建和具体指导的，以中学生为主体，开展与心理学有关的活动，探索心理健康等问题的学生团体。心理协会社团主要是开展心理活动，学习和积极宣传心理健康教育知识，以自助、互助、他助等形式帮助同学们面对成长的烦恼。

（一）心理协会的宗旨

丰富学生业余文化生活，提高学生的综合素质和心理健康，增强集体荣誉感，促进学生全面发展，构建人文校园、和谐校园。

（二）心理协会的任务

1.组织社员开展以心理知识为主的多种学习活动，以提高社员的沟通、组织等能力，培养社员团结合作精神，促进学生的全面发展。

2.积极在校内组织或参加与心理有关的活动，如心理健康周、心理板报评比、心理剧大赛等。活跃校园文化生活，加强心理、文化、信息和思想交流，扩大社团的影响，创建并弘扬学校的人文精神。

3.通过各种形式的学习活动及艺术实践，提高学生的心理素质和交流能力，推动学校精神文明与校园文化建设。

（三）心理协会的主要活动内容

心理协会通过各种形式的有意义的活动，使学生在实践中充分发挥主动性、思考力、创造、合作等特点，促进学生健全人格的形成，从而全面提高学生的心理素质。心理协会成员是学校大型心理活动信息的发布者，活动的组织者、参与者，还会在一些活动中担任志愿者角色。

以下以衡水中学心理协会活动开展情况为例。

1.确定心理协会会徽。

衡水中学心理社团的会徽外形为四叶草形，四叶草代表幸福，内含一颗大心与一颗小心，意味着心理社团与学校、与心理教研组心手相连，一同"播种心灵阳光"，温暖每一位师生。

2.组织每周社团活动。

心理协会社团活动每周一节，与学校每周一次的选修课时间一致。组织社团成员开展以心理知识、团体心理辅导为主的多种学习活动，提高社团成员的心理适应、沟通、组织等能力，培养社团成员团结合作的精神，促进其全面发展。

在每周的社团活动中，主要进行两方面的活动：一方面是心理知识的介绍，用以增加成员的心理健康知识；另一方面是通过心理游戏、团体心理辅导增强成员的心理健康水平。比如，成员可以在活动中了解"微表情心理学""催眠"相关心理知识、"房树人"绘画心理测验、"性格色彩"心理学；学习如何克服考试焦虑、如何拥有良好的人际关系，学习心理咨询技巧；开展"心有千千结""万里长城永不倒""请在我背上留言""信任背摔"等团体心理辅导活动。通过以上活动，增加成员的心理健康与心理咨询知识，增强成员的团队意识，提高心理健康水平，力求让每一位成员拥有积极阳光的心态，做好班级阳光心理的辐射源，并力所能及地为班级同学解决心理困惑。

3. 创办校园心理宣传刊物。

校园心理刊物是向全校师生宣传心理健康教育活动、普及心理健康知识的重要方式。教师、学生所撰写的心理文章,校内心理健康教育活动、德育活动都可以放在刊物中进行宣传。每期确定一个主题,心理协会编辑部成员围绕主题进行文章的征集、排版、设计等。心理刊物是学生了解心理教育、获得心理知识、参与心理健康教育活动的一扇窗户,所以,校园心理刊物的创建是非常有必要的。

以衡水中学为例,校园心理刊物是《心悦》,它致力于向全校师生推广、宣传、分享、普及心理健康知识。《心悦》为季刊,取名"心悦",为心情愉悦的意思。该杂志从栏目设置、资料收集、编辑排版,乃至后期校对,均由社团成员负责、心理教师全程指导,力求贴近实际。

4. 编辑校园心理报纸。

除了心理宣传刊物,心理协会还要负责编辑校园心理报纸(心理报纸的时效性要比心理宣传刊物强,报纸为周刊,刊物为季刊),目的是让全校师生通过多种渠道、多种方式了解心理健康知识,提高心理保健意识。比如衡水中学心理社团每周编辑出版一期《温心家园》心理小报,内容包括励志故事、心理常识等,丰富实用的内容给了师生有效的帮助和引领。

5. 参与学校各项心理活动。

在各项活动中,如校园心理剧大赛、心理文化节、团体辅导活动等,负责组织、策划等各项工作。

二、校园心理剧社团

校园心理剧是一种特殊的、有效的团体心理辅导方法,是多途径开展学校心理健康教育的有效方式,在学校心理健康教育中发挥着重要功能。校园心理剧具有治疗功能,主要针对学生的矫正性问题,但是更侧重于教育性、发展性和审美性功能。校园心理剧是中学心理健康教育工作的途径之一,它通过演绎校园生活中的人和事来减缓学生的心理压力,解决学生的心理困惑。以下以衡水中学校园心理剧社团的创立为例。

(一)校园心理剧社团的创立目的

校园心理剧社团是以学校每年举办一次的校园心理剧大赛为契机,通过学生自愿申报、竞选表演等形式,选拔出一批对校园心理剧剧本编辑及表演感兴趣的同学而成立的社团。

(二)心理剧社团的活动内容

社团活动内容包括心理剧技术学习、心理剧剧本编辑与创作、心理剧表演艺术的学习,心理剧的编排、表演,以及参加心理剧的演出活动、参加心理剧专家培训会等有关心理剧方面的内容。

（三）心理剧社团取得的成就

从 2016 年成立至今，校园心理剧社团参演每年的校园心理剧大赛，参演的心理剧《重新起航》《面具人生》《第 101 个孩子》《傲雪冬梅》《悠悠春兰》《相伴以竹》《情暖菊心》等剧目获得了师生的一致好评。心理剧社团携心理剧《傲雪冬梅》受邀参加了河北省中小学艺术展演戏剧专场的演出活动。

第三节　校园心理剧演绎心路历程

心理剧是一种探索心理和社会问题的方式，它的参与者不使用简单地叙述，而是通过扮演日常生活中的相关事件来进行探索。

1921年，奥地利医师莫雷诺结合自己童年、青年经验，探究即兴剧场，即兴演绎时事政治、生活事件等。即兴剧场的诞生标志着心理剧的诞生。之后几年，他发现，即兴剧对于演员和观众都是潜在的治疗工具。

1925年，他从奥地利维也纳离开，到了美国纽约，开始新的旅程，也开启了心理剧在美国的发展之路。他一方面继续从事即兴剧场的研究，另一方面将心理剧中的角色扮演应用于监狱、女子训练学校、医院等系统，并创造了"团体治疗"和"团体心理治疗"等新的术语，且展开了"社会计量运动"。同时，在这一时期，他成立了私人精神病院，并建造了一座心理剧剧场，进行专业人士的训练，出版了专业期刊。

1941年，Zerka进入他的生命，帮助他写作、编辑，并且培训心理剧专业学生。许多领域的专家跟随他们夫妇学习、发展、传播心理剧，成为促进心理剧蓬勃发展的先驱力量。

心理剧有很多理论和技术，自发和创造是心理剧的两大哲学基础。以下对心理剧的五大元素和三个阶段做简要介绍。

心理剧有五大元素：主角、导演、辅角、观众、舞台。主角是心理剧中寻求解决问题、获得启发或发展替代性行为模式的角色；导演通常是团体带领者或主角的治疗师，帮助主角澄清困惑、宣泄情绪、调整认知、产生新的行为或领悟；辅角是扮演主角生命故事中的相关人物的团体成员，包括扮演主角的替身；观众是不在舞台上担任主角、辅角、导演的团体成员。舞台是心理剧演出的一个特定区域，舞台上可以配备特殊的灯光、音效、道具，可以催化心理剧进程。

辅角来源于观众,观众可以起到见证主角的生命历程、支持陪伴主角的作用。

心理剧分三个阶段:暖身、演出和分享。暖身阶段,通常会提升团体凝聚力,营造安全感、信任感,了解团体动力,选出主角;演出阶段,处理主角或团体议题;分享阶段,在不评价、不建议、不分析、不提问的氛围下,由团体成员分享自己的感受和由剧触动的生命故事。心理剧不只是心理治疗,在蓬勃发展的过程中,其不仅帮助很多人解决内心困扰,而且也启发了许多领域的专家,将心理剧的元素融入自己的理论和技术中(以上内容主要参考《心理剧导论》,Adam Blatner,2004)。

校园心理剧以心理剧为依据,是同伴心理互助的一种重要形式,也是我国近年来心理学研究上的一个比较热门的话题。校园心理剧就是把学生在生活、学习、交往中的心理和感情冲突、困惑、烦恼等,编成一个个"小剧本"进行表演,在剧中融入心理学的知识原理和相关心理剧技术,如束身技术、替身技术、舞蹈外化技术、未来演出技术、角色交换技术等。学生表演发生在他们身边熟悉的甚至是亲身经历的事,从中体验心理的细微变化,引起大家的共鸣和重视并加以改正,促进参与者的认知领悟和行为纠正,进而达到宣泄、释压、辅导及疗愈的作用。通过学生"自己演,演自己",把生活中的事搬到舞台上以艺术性的形式及心理剧的专业技术表现出来,这种方式无论对于演员还是现场观众来说,都是一次现场的团体心理辅导活动,观众不仅是观看者,更是参与者。整场心理剧能够打动学生们的心灵,实现心灵的沟通和升华,对于学生的健康成长意义重大。实践证明,开展校园心理剧表演活动是促进高中学校心理健康教育的重要渠道。

一、一种有效的发展性团体辅导方式

校园心理剧是一种以现实生活为模型的团体心理辅导方式,不仅为学生们营造了一种心理自助的氛围,还提供了他助、助他和同伴群体心理互助的平台。校园心理剧提供了大舞台、大观众,这种辅导方式受众面广、影响力大。

二、多途径开展学校心理健康教育的有效载体

校园心理剧是一种应用需求和实施弹性都很大的心理健康教育方式,它

可以和心理健康教育课程、其他学科课程、心理咨询、学生社团活动、主题班会、校园文化建设、家校合作等途径相结合，可以以融合、渗透、综合使用的模式来发挥其积极作用。

三、学生自我教育的一种新方式

校园心理剧剧本取材于学生的现实生活，反映的是学生普遍遇到的困惑；学生演的是自己身边的事，说的是自己心中想说的话，解决的是自己想要解决的问题。通过观看和演出心理剧，学生达到了自我展示、自我启发、自我改变的教育目的。这种教育不同于家长和教师的说教和灌输，而是学生自助、自省的自我教育，在整个表演的过程中教师只是起到了支持、引导的作用。它以学生的需要为本，是学生学会主动解决心理问题的一个好方法，可以促进学生心理的自我成长和完善，达到助人自助的目的。

四、丰富学校文化建设的新途径

校园心理剧是在新的历史条件下，适应素质教育需要，满足学生心理发育需求的一种健康积极的带有艺术性和创造性的心理知识普及活动，在活跃校园文化、促进学校文化建设中发挥着积极的作用。

附1：校园心理剧剧本征集活动

校园心理剧是一种极具特色的团体心理辅导方式，目的是通过演绎校园生活、家庭生活中的人和事，为学生营造互助的氛围，提供互助的平台，提高学生心理自助与互助能力，使学生学会心理调节、减缓心理压力、解决心理问题。为进一步推动我校心理健康教育工作，探索学生心理健康教育的新途径，在活动开展过程中加强心理健康教育，促进学生健康人格的形成，现组织进行衡水中学第十届校园心理剧剧本征集活动。

一、参赛范围

全体学生。

二、剧本征集时间

1月10日—2月22日。

三、活动要求

1. 根据校园日常生活撰写校园心理剧剧本，每班最少出一个心理剧剧本参与优秀心理剧剧本评选，多者不限。

2. 参赛的心理剧剧本可以是学生编写的，或者由师生、家长共同编写，鼓励原创。内容要贴近实际，反映学生生活和心理特点。

3. 具体要求：心理剧剧本要以学生学习、生活为主，要紧紧围绕主题，把学生在生活、学习、交往中的心理冲突、烦恼、困惑等，以小品表演、角色扮演、情景对话等方式编成"小剧本"，内容健康、积极向上，切实体现贴近学生实际、贴近生活的原则。

（1）主题：主题明确、新颖，有教育、启示意义，适合学生表演。

（2）内容：能充分表达主题，发生在学生身边，能体现学生的心理世界。

（3）方法：心理问题表现清晰，解决方法生动、实用、有效，注重改变过程。

（4）情节：能够体现心理剧的心理技术运用，能感染读者。

4. 心理剧剧本总体字数在2500左右，用A4纸打印，于2月22日前报心理老师处。

四、奖项设置

一等奖10个，二等奖14个，三等奖26个。统一颁发校级荣誉证书。

心理咨询室

2017年1月

附2：校园心理剧大赛方案

为进一步推动我校心理健康教育工作，探索学生心理健康教育的新途径，拟定于在本学期组织进行衡水中学第十届校园心理剧大赛。现就有关事项通知如下。

一、参赛范围

我校高一年级学生。参赛对象以学生为主，教师也可以参与撰稿和表演。

二、心理剧介绍

校园心理剧是一种极具特色的团体心理辅导方式，目的是通过演绎校园生活、家庭生活中的人和事，为学生营造互助的氛围，提供互助的平台，提高学生心理自助与互助能力，使学生学会心理调节，减缓心理压力，解决心理问题。各参赛班级要以学生学习、生活为主，要紧紧围绕主题，把学生在生活、学习、交往中的心理冲突、烦恼、困惑等编成"小剧本"，内容健康、积极向上，切实体现贴近学生实际、贴近生活的原则。

三、活动安排

第一阶段：优秀心理剧剧本评选（2017年1—2月）

心理咨询室组织各班学生进行心理剧剧本创作，并进行优秀心理剧剧本评选，每班至少要有两个剧本参与评选，多者不限。

第二阶段：心理剧大赛启动（2017年2月15—25日）

对获奖的心理剧剧本进行表彰，并启动第十届校园心理剧大赛。

第三阶段：年级部校园心理剧排演与评比（2017年3月）

年级部组织各班学生根据心理剧剧本进行心理剧排练并进行评比，每班至少要有1个心理剧参加比赛。年级部可根据情况组织第二次选拔赛，最后每个年级部推选出4个优秀的、有代表性的心理剧，报送学校教科处参加决赛。

第四阶段：衡水中学第十届校园心理剧大赛（4月）

由心理咨询室组织进行整个高一年级的校园心理剧大赛决赛，并评选出4~5个本届优秀心理剧。

第五阶段：优秀心理剧展演（2017年5月）。

由心理咨询室组织第十届优秀校园心理剧展演。

四、相关要求

1. 剧本字数2500左右，表演时间不超过10分钟。

2. 参赛的心理剧剧本可以是学生编写的，或者由师生共同编写，也可以借鉴他人的剧本，鼓励原创。内容要贴近实际，反映学生生活和心理特点。

3. 请各班组织本班学生积极撰写心理剧剧本和排演心理剧，为学生搭建平台，鼓励学生校园心理剧创作，引导学生珍惜机会，展现自我才华。

4. 各年级部要统筹本届心理剧大赛各阶段的实施情况，确保本次活动的创新性、引导性和专业性。

五、奖项设置

班级：特等奖4个，一等奖8个，二等奖14个。

学生：个人单项奖10项。

六、组织领导

为了加强对本次活动的组织领导，保障活动顺利开展并获得成功，特设立工作小组。

组　长：康新江

副组长：信金焕　王丽娜

组　员：潘宿奎　王江妹　樊春博　王鹏　安茂森　杨晨　苏乐　王海燕

各班级要高度重视此项工作，认真组织学生参加，在学校进行广泛宣传，面向学生、教师征集剧本，积极开展优秀剧选拔。在活动开展过程中加强心理健康教育，确保让更多的学生了解心理健康知识，促进工作的有效实施，促进学生健康人格的形成。

心理咨询室

2017年1月

附3：校园心理剧剧本

河北衡水中学第十届校园心理剧会演：青春的四季

（开场：8名同学陆续上场有秩序地坐在舞台上，围成一个半圆形，心理老师站在中间）

旁白：高中生活，有欢笑有泪水，有进步更有挫折，我们一步步走在高中的路上，追求心中的梦想，更收获了生命的成长。那么生命的成长到底是什么样的呢？高中又会有哪些事在我们身上发生呢？

老师：各位老师，各位同学，大家好！欢迎来到衡水中学团体心理辅导现场，我是今天的心理辅导老师樊春博。我们都来自不同的班级，为了同一个目标来到这里，那就是成长。在这里，我们将会更加了解自己、了解别人，给自己一个讲故事的机会，也看看别人的故事。请台下的观众跟着我们一起想想，你可以用一个什么样的事物代表自己，你觉得自己和这个事物有什么相似的特征呢？

现在请大家安静下来，调整自己的呼吸，让自己完全放松。（停顿3秒）接下来，请大家做自我介绍，说一说刚才你想到了用什么事物来代表自己。说的时候每个人站起来并做出相应的动作。

沈寻：老师，我觉得我是一只飞鸟，自由飞翔在蔚蓝的天空。

阿南：老师，我觉得我是一棵苍松，任风雪呼啸，我自挺拔向上。

苏朵：老师，我觉得我就是春天里刚刚萌芽的小草，我渴望阳光，渴望成长，却总是被枯草所束缚。

韩熙：老师，我觉得我是夏日里一株含苞待放的鸢尾，静立在自己的一方天地。

紫晴：老师，那我应该是晨光里的一颗露珠，反射着耀眼的光芒。

小诚：老师，我觉得我好像多变的秋风，我八面玲珑地适应一切，但我忘了真实的自己。

小心：老师，我觉得我就像是冬眠的刺猬，我满怀希望，却看不到春天的到来。

小瑞：老师，我是锋芒毕露的小麦，针尖对麦芒，直来直去。

老师：好，听完大家的介绍，让我想到了四季的景象。大家都知道四季轮回，春天欣欣向荣，夏天骄阳似火，秋天落叶纷飞，冬天冰封雪盖，每个季节都有各自的风景。那么，就让我们来讲述一段关于我们青春四季的故事吧。首先是春天，春天是万物复苏的季节，无数希望蕴含在春日。谁来讲述一段春天的故事呢?

苏朵（举手站起）：老师，让我来吧。我觉得我就是春天里刚刚萌芽的小草，我渴望阳光、渴望成长，可我无论怎样努力，却总是被枯草所束缚，无助、孤独、绝望统统笼罩着我。我就像逆风生长的孤草，希望春雨能带给我茁壮的力量，可是，却没人能帮助我。请大家来听听我的故事吧。

（灯光暗，团体辅导人员下场。灯光亮，音乐响起，旁白开始）

春之歌　重新起航

旁白：怀着对高中生活无比的期待，苏朵踏入了美丽的校园，可谁承想，原本成绩优异的苏朵在这强者如林的地方却平凡得犹如一粒尘埃，失去了以往耀眼光芒的繁星该怎样再度发光呢？

（背景：教室课间）

第一幕

（苏朵走进教室。场上的紫晴起身，定住，做雕塑状）

苏朵：这是我们班的超级学霸紫晴，她每次考试无论怎么考都是第一，真让人羡慕嫉妒啊！（走向紫晴）紫晴，你在干什么呀？

紫晴（满怀期待地）：准备十大学星的演讲喽！

苏朵（惊讶佩服地）：紫晴，你可真行啊！不但学习好，还参加那么多活动，真是让人羡慕呀！

紫晴：这也没什么，只要认真去做每一件事就可以了。

苏朵：那你加油哦，我看好你！哎呀，我作业还没写完呢。（跑走）

（紫晴默默坐下）

润朴：耗子，耗子呢？

浩泽：老猫，老猫！

润朴：出大事了！

浩泽：我跟你说！

苏朵（起身介绍）：这是润朴，这个是我的好朋友浩泽。别看他们两个平时吊儿郎当的，参加那么多活动，不过学习起来可认真了呢！

（浩泽拍手）

润朴：我先说，好吧，你先说。

浩泽：你快说，你快说！

润朴：中国队赢了！

浩泽：你说什么？

润朴：中国队1∶0大胜韩国队。不信你看啊！

（两人激动地振臂高呼。背景音乐起）

苏朵：停！

（音乐停）

苏朵（站起，跺脚，指着两人）：你们俩干啥呢？吵死了，还让不让人学习了！

浩泽：好了好了，不影响你追求卓越了。

润朴：于大宝那球干净利落，贼帅啊！

浩泽：俗话说得好，想要进球早，（与润朴一起）还得用大宝！（看众人很安静，连忙低下身子学习）

苏朵：这英语自助出的什么题啊？浩泽你看看，"朋友一生一起走"怎么翻译啊？

浩泽：这简单，听好了：fadgt.

苏朵：什么乱七八糟的！

浩泽：听不懂？咱们逐词翻译。friends,（苏朵：朋友。）doctors,（苏朵：医生？）go together.（苏朵：一起走！）Thats right！

苏朵（打一下浩泽，转身走向紫晴）：紫晴我还是听你的吧。

紫晴：嗯……（思考一下）Friends get together all of their lives.

苏朵：你看看人家！

润朴：紫晴，那啥，借我看看你的课堂笔记吧。（一脸讨好表情）

紫晴：没问题啊！喏！

（浩泽打开笔记本，翻了几页）

润朴：哇，紫晴，你怎么抄了个春晚的小品呀？

浩泽（抢过来看）：你懂什么呀。这是紫晴总结的春晚政治热点，微信朋友圈都传遍了，你不知道啊？

润朴：不愧是学霸，春晚咱们这群俗人看的是热闹，可人家看出了政治思潮。

三人（齐）：佩服佩服！

浩泽：看你们这帮人，让我把头等大事都忘了！知道我手里拿着的是什么吗？（高高举起）

苏朵：不会是这次考试的成绩单吧？

浩泽：恭喜你，答对了！

润朴：卓越了我的哥！这次怎么样，考的？

浩泽：惨不忍睹哦。（神秘状）这次考试我发现了个大秘密。

苏朵（好奇，暂时不看成绩单）：什么秘密？

浩泽：老师不是说做题一定要揣测出题者意图吗？这次考试我经过深思熟虑，终于揣摩出来了！

三人（凑过去）：啊？什么意图啊？快说说！

浩泽：他想玩死我们！哈哈哈！

苏朵（推浩泽）：得了吧你，别贫了。紫晴，你考多少？

紫晴（推推眼镜，淡定无比）：145。

三人（齐）：啊？真不愧是学霸。

润朴：苏朵，你要不要看一下你考了多少呀？

苏朵：来吧，我接受这个残酷的现实。（闭眼，伸手接过成绩单。失落状）

浩泽：来来来，我们初中的六连冠，你考了多少？就别藏着掖着了，我看看。（一把抢过）哎，你怎么才80多？

紫晴：快别说了，没看见人家不高兴吗？（推一下浩泽）

（三人回座位坐下）

苏朵（难过地）：我……为什么满分150，而我的试卷跟满分120似的，难道我做了一套"假卷子"吗？怎么差距这么大？大家看看吧，这就是现在的我，别人的课余生活那么丰富，而我呢，却被学习搞得一团糟：数学学案写不完，语文作业堆成山，英语语法连成串，化学元素团团转。同学们，你们说，我该怎么办啊？不行，我要去找紫晴。紫晴，到底怎么学好啊？

浩泽：到点啦！吃饱饭，充满电，撸起袖子加油干，向食堂进军。

润朴：皮皮虾，我们走。

第二幕

苏朵：哎，浩泽他们平时学得那么轻松，我可以去找找他们。浩泽，浩泽，你们等等我！

浩泽：听说你这次的两会提案通过了。

润朴：那是，我这次做得可高大上了——国家政治机制，智慧养老，供给侧结构性改革……

浩泽：这么自信，说来听听。

（音乐起）

润朴：Are you ready！

浩泽：还有音乐？！（诧异状）

润朴：Big rap.

苏朵：卡！

（润朴摆酷状）

苏朵：又在讨论政协，你们怎么有这么多时间啊？快，给我传授传授秘诀。

两人（齐）：我们的秘诀啊，就是……

浩泽：该学学。

润朴：该玩玩。

浩泽：该吃吃。

润朴：该睡睡。

（雕塑技术。背景音乐起）

恶魔： 哈哈哈，没人真的想帮你，你看，连他们都在敷衍你，还说什么朋友！友谊的小船说翻就翻，谁管你的死活！

苏朵： 你是谁啊？

恶魔： 我？我就是你啊。那个上课不听讲的你，作业写不完的你，考试考倒数的你啊！

苏朵： 不，你不是我，你快走开！（恶魔退场）

苏朵（不耐烦地）：我问你们正经的呢！你们什么态度啊！有你们这样的朋友吗！（后转，离开）

二人： 哎，苏朵！莫名其妙。（下场）

苏朵： 他们一点也不靠谱，我还是去问问紫晴。

（紫晴出场）

苏朵： 哎，紫晴，我正找你呢。你是怎么学的呀，快教教我吧！

紫晴： 可以呀，首先要有计划地去做事。你看啊，前一天的晚三要把数学预习好。

（恶魔出场）

恶魔（哈哈哈）：你做得到吗，人家一节课就把数学做完了，你一节课才写一半……

苏朵：你怎么知道？（捂嘴，跺脚）

紫晴：还有啊，要充分利用零碎的时间。

恶魔（举着"零碎时间"的牌子）：嗬，零碎时间，都拿来发呆了吧。

苏朵（尴尬）：我……

紫晴：改错要及时，老师讲完哪张卷子就改哪张。

恶魔（举着"及时改错"的牌子）：还有改错！得了吧，哪科老师催得紧你才改哪科吧。

苏朵（恼羞成怒）：你……

紫晴：其他时间，你还可以抄抄知识点。对了，积累一些课外知识对你帮助也不小。

苏朵（举着"课外积累"的牌子）：其他时间！去哪找其他时间，看来我只能辛苦我的小手电了。

恶魔：还想挑灯夜战？早就呼呼大睡了吧你！

紫晴：不行不行，学得痛快，睡也得痛快，千万不能牺牲自己的休息时间，得不偿失！说了那么多，你怎么还是不理解呀，只要你努力，学什么不可以学会呀？

恶魔（一只手拿牌子，一只手指着牌子）：这谁不知道呀。（扔牌子，不屑）看见了吧，学霸的世界你不懂！看看你旁边的人，人家不仅成绩好，还进步大，而你一个怎么努力都没用的人，拿什么跟他们比？

苏朵：说得可真轻巧啊，我又不像你那么优秀，你知道我每补回一点落下的知识，需要付出多大的努力吗？虚情假意！

紫晴：苏，苏朵，你怎么了？

苏朵（冷笑）：哼，怎么了？你说呢？我现在这个样子你肯定很得意吧，你考了第一，而我却是倒数！

紫晴：什么第一、倒数，你在说什么呢？苏朵，我什么时候像你说的那样了？！我只是关心你！

苏朵：切，别再假惺惺的了！像你这种人，每天高高在上，无论做什么都能享受着老师的表扬和同学的赞美,又怎么能体会到我的不甘与绝望。

紫晴:苏朵,你,你不可理喻!你以为我的成绩和荣耀是捡来的吗?那都是一步一个脚印积累来的,没有踏踏实实的努力谈什么成绩!只是一味地抱怨有什么用?

苏朵:哼,终于把心里话说出来了吧,在你心里,我可不就是那个,一事无成,不求上进的,差等生!

(两个人朝两个方向跑走)

旁白:跟朋友争吵后的苏朵,心里越发难以接受现在的成绩,心中的无助、难过越积越多,几乎让她无法承受。她急需妈妈的安慰。

(换背景,电话亭)

苏朵(打电话):喂,妈妈……是我……

妈妈:小朵,快跟妈妈说说,这次成绩怎么样?

苏朵:成绩成绩,你上来就问成绩,你就不能关心一下我的感受!

妈妈:你要是用心学了,哪来的那么多感受?

苏朵:妈妈,我想回家。在这儿我什么也做不好,什么都不如别人,你把我接回家吧。

妈妈:回家?又耽误课!遇到这么点小困难就想放弃,这还是以前的你吗?苏朵,你太让我失望了!

苏朵:妈……妈,难道你就没有看到我的努力吗,你知道我付出了多少吗?

妈妈:付出就会有回报,我怎么没有看到你的成绩呀?学学那个老考你们班第一的紫晴啊。你想想,哪次老师表扬的努力学生没有她?可你呢,妈妈一次都没有听到过你的名字。爸妈多不容易啊,你对得起我们对你的期望吗?

苏朵:不想想我有多努力!你去认紫晴当你的女儿吧!(悲愤地挂电话,伤心地哭了起来)

恶魔:听见了吧,妈妈喜欢的永远只是以前成绩好的你,而现在的你?嘀,谁会理解你,他们只认学习,只看成绩!

苏朵:可……可我也在学啊,我也在努力啊!你说得对,没人理解我,我现在成绩差、状态差,连作业都写不完,可难道我想这样吗?原来在我身后望尘莫及的人现在一个个都超越了我。努力？可努力真的会有结果吗，难道我要天天钉在椅子上学习，却依然是那个在台下鼓掌的人吗？我做不到！（失控）我做不到……算了吧……

恶魔：啧啧啧，反正你怎么努力也不会有效果，学有什么用，努力又会有什么结果，放弃吧。学也是一天，玩也是一天，聪明人都会选择更快乐的一种，不是吗？

苏朵（绝望地）：对啊，学有什么用，我还不如……不如，放弃。（低沉地）

恶魔：哈哈，对，就是这样，放弃吧，堕落吧。与其学到废寝忘食，倒不如沉沦于彻底的放纵！

第三幕

（苏朵摔倒在舞台上。追灯，老师上场）

苏朵：老师，有时候小草想要努力生长、奋力萌芽，却不见天日，被枯草所束缚。我现在好痛苦、好绝望，我到底该怎么办？

老师：苏朵，不要着急，让我们一起来看看，你的痛苦到底是什么。我这里有一些丝带，用它们来呈现一下你的痛苦吧。

苏朵：老师，我讨厌我们班的学霸紫晴，她总是那么高高在上，她那种假惺惺的帮助在我看来就是一种嘲笑。

（灯光亮）

紫晴：你以为我的第一、我的荣耀都是捡来的吗？我告诉你，没有白来的成绩，你只会抱怨身边的一切，却从来没有脚踏实地地努力！

苏朵：还有浩泽，我所谓的好朋友，在我需要帮助的时候，却也只会敷衍我。

浩泽：苏朵，你还是初中时那个为了梦想可以不眠不休的你吗？你的执着呢？你的辉煌呢？现在的你让我感到陌生！

苏朵：还有我妈妈，她是真的爱我吗？她的眼里只有成绩。

妈妈：你这孩子，遇到这么点困难就放弃，你真让我失望，你对得起我们对你的期望吗？

苏朵：老师，我讨厌现在的自己。

恶魔：看看你自己现在的样子，还记得自己曾经幻想过的未来吗，还记得你曾经豪气冲天的话语吗，还记得你的梦想吗？你说说，你，还有未来吗？

苏朵：你们别说了，我不要听，那不是我，不是。

老师：好了苏朵，你的痛苦我已经了解了，我看到了你所承受的学习的压力、友情的疏离、父母的不解，以及对自己的失望。有时候我们太沉浸在自己的世界里了，这可能只是我们自己的感受，让我们来看看他们真正想表达什么。

紫晴：苏朵，对不起，我没有看不起你的意思，我没想到你会这样痛苦。学习是一个积累的过程，不要着急，不要灰心。成功或许只是迟到了而已，让我们一起努力。

浩泽：我依然是你曾经的好哥们啊。成绩并不代表一切，不要因此失去信心！我们并没有敷衍你，我们只是希望你能高高兴兴地玩，认认真真地学！

润朴：对！这就是我们学校的四大痛快啊：痛痛快快学，痛痛快快玩，痛痛快快吃，痛痛快快睡！

妈妈：朵朵，妈妈最想看到的是一个健康快乐的你，妈妈永远是你坚强的后盾，妈妈爱你！

老师：苏朵，你看到了什么，你感受到了什么？

苏朵：老师，我看到了朋友们的真心、父母给我的关爱，我现在感觉自己身上充满了力量。我好像明白了，一时的失意并不能说明什么，我不会被这一切打倒的，况且我还有朋友、老师和家人。放下过去，我苏朵，从今天起，重新起航！

浩泽：这就对了，前方的路还很长，让我们一路欢歌。

润朴：一路欢笑！

紫晴：一路拼搏！

苏朵：一路奋斗！

合：我们，重新起航，一起走过最美年华！

（灯光暗，舞蹈演员伴随《向往》的音乐独舞。灯光亮起前大剧中所有团体辅导的人员还原原来场景）

老师：我们听到了这就是苏朵为我们讲述的关于春天的故事。春天是生机勃勃、充满生命力的季节。春天里的小草，虽然脆弱，虽然会被束缚，但经过春风的洗礼、春雨的滋润，终会破土而出、茁壮成长。

接下来，我们再来听听夏天的故事，看看在炙热的夏季，会发生怎样的故事呢？

韩熙：老师，我想给大家讲讲我的故事，一个发生在夏天里的故事。

（灯光暗，团体辅导演员撤。灯光亮起，街舞开始）

夏之韵　在未来等你

第一幕　心动

（集体街舞，体现夏天的火热和激情。街舞停）

乔逸：好了，今天就练到这里吧。大家进步都挺大，咱们继续努力。明天就是正式比赛了，咱们街舞社团一定要在今年的社团风采大赛中拿大奖。这次可是"百团大战"，竞争激烈，大家一定要全力以赴。好了，大家都各自练练吧。

（舞蹈人员退场。乔逸转身给韩熙递过一包纸巾,"心心相印"牌）。

乔逸：你今天的状态特别好。看你，出了这么多汗，快擦擦吧。

韩熙：哦，谢谢！

乔逸：对了，收拾完东西等我一会儿啊，我有东西给你。

（韩熙不好意思地接过纸巾，一直摆弄着，舍不得用）

白淼：韩熙，你这舞现在比乔逸跳得还好，真是名师出高徒啊。

韩熙：没有，我跟乔逸比差远了，他那么优秀。要不是乔逸帮我练习，我可没有今天的进步。

白淼：是啊，乔逸人长得帅，学习又好，跳舞还这么棒，全才啊！他就是我心中的男神！

沈寻：你看你，口水都快流出来了，快别花痴了！人家早就心有所属了！

白淼：不可能，是谁，是谁抢了我的男神？

沈寻：还有谁，当然是我们的韩熙了！你没看见平时他俩练舞时那温馨的场面，说不是互相喜欢都没人信！你看看，人家还"心心相印"牌的纸巾，人家给你了吗？

韩熙：哎呀，沈寻，你瞎说什么呀，没有的事儿。（语气弱一点）再说，我这么一个平常的人，乔逸怎么会喜欢我呀？

白淼： 我觉得也是！（不相信、不服气的样子）

沈寻： 什么你觉得也是，这点事儿都看不出来。我可不跟你们这种没眼力见儿的人说话了，我去找林泽和乔逸吃饭了。

白淼（拉韩熙下场）：哼，我们也去吃饭。

（乔逸和林泽练吉他）

林泽： 行了，先练到这儿吧，该去吃饭了。

乔逸： 你能记住这一段就差不多了，对你而言已经不容易了。

林泽： 哎，你怎么说话呢？

乔逸： 要教会你那么多，那可真是费点儿劲。（停两秒）哎哎哎，不闹了，说正事儿，你跳的时候要放得开，要……

林泽（打断乔逸）：得得得，咱明天再说这个。哎，你刚才想跟人家韩熙说啥啊？（坏笑）

乔逸： 不说啥啊。

林泽： 你快得了，不可能！你是不是要跟人家表白？哎呀，你不用不承认，韩熙其实挺好的，长得漂亮，做事努力认真，人又很文静善良，你眼光可以了。

（沈寻上场）

沈寻： 你们怎么还不去吃饭？

林泽（跑过去，搂住沈寻的肩）：我跟你说，沈寻，乔逸有事儿瞒着咱们。

沈寻： 啥事儿啊？

林泽： 跟韩熙的事儿。

沈寻： 这事儿啊，我早知道了。

乔逸： 你俩别老说些有的没的。

林泽： 什么叫有的没的，你刚才不就是要跟人家表白吗？

沈寻： 行了乔逸，你就别装了，我们都看出来了。

乔逸： 我……好吧好吧，既然你们都知道是这么回事了，那就给我出出主意，我到底是说还是不说啊？

沈寻： 说呗，喜欢就表白呗。

林泽： 能行吗，万一被拒绝了多尴尬啊。

沈寻：不会吧，我觉得韩熙也挺喜欢咱们乔逸的。

林泽：我还是感觉不靠谱……这事啊，从长计议吧。

沈寻：林泽啊，你知道吧，就是因为你那么犹犹豫豫才没人喜欢！

林泽：我没人喜欢？你真棒，你有人喜欢！

沈寻：行了，我不跟你扯这些没用的。走，乔逸，现在就去表白。

林泽：不行不行！不能去，想都没想好就去。听我的，不能表白！

乔逸（拽开他俩）：越听你们说越烦，就不能靠点谱吗？我这就够纠结的了，快别给我添乱了！算了算了，我还是自己想吧。

（沈寻和林泽争吵着下场）

旁白：沈寻和林泽的争吵使乔逸的内心更加混乱，一番纠结后，他终于决定向韩熙表白。韩熙来到小亭子，乔逸已经早早地等在那里。

乔逸：这是我整理的学习资料，你好好看看吧，肯定会对你有帮助的。

韩熙（愣了一下）：嗯，谢谢！（翻了几页）你整理的内容真的好全啊，你真的太厉害了。（看到他背着的吉他）你怎么还背着吉他？

乔逸：其实，我来就是想把我唱给你听的。（深情地看着韩熙，一边弹吉他一边唱）

想把我唱给你听，
趁现在年少如花。
花儿尽情地开吧，
装点你的岁月我的枝丫。
谁能够代替你呢？
趁年轻尽情地爱吧。
最最亲爱的人啊，
路途遥远我们在一起吧。

韩熙（不好意思）：早……早就听说你唱歌好听，果然名不虚传。

乔逸：只是唱得好吗？难道你没有听出我的心声吗？这首歌是我专门唱给

你听的，我这么说，你能明白我对你的心意吗？（向前）

韩熙（后退，惊讶又略带欣喜）：乔逸，你这是……我……

乔逸：其实，我想说的是，我喜欢你。

韩熙：乔逸，我……你让我考虑一下吧！

乔逸：那好，明天的现在我就在这里等你的答案好吗？

（韩熙点点头，乔逸转身下场）

第二幕　纠结

旁白：面对乔逸的暗示，韩熙过了好久才平静下来。他的话如落入湖心的卵石，波惊鹊起，皱了一池春水，在韩熙的心中荡开了圈圈涟漪。

韩熙（疑惑）：一直没有认真想过，我对乔逸到底是什么感觉。开始时，因为他学习好，又多才多艺，所以一直很欣赏他。（欣喜）后来相处久了，慢慢地发现了他越来越多的优点。他有理想、有计划，能同时兼顾学习和特长，这样的他，是我期望中的自己。（苦涩）有时看着他和别的女生说笑，我的心里也不是滋味，其实，我也是有些喜欢他的吧。那我要不要答应他呢？

（替身跳舞）

旁白（甜蜜）：如果他们在一起，可能会很快乐，会成为大家羡慕的对象。可之后呢？在未来面前，一切都是过去，短暂的快乐过后，又有多少艰辛在未来等着他们呢？如果不答应，韩熙真的怕错过，她喜欢和乔逸在一起的感觉。

韩熙（苦恼纠结）：我不知道，不知道该怎么办，不知道该怎样面对乔逸。

（与替身跳舞）

旁白：甜蜜与苦涩交杂，一时间韩熙也乱了阵脚，心中犹豫不决。

（韩熙、舞蹈替身下场，灯光暗。林泽、乔逸上场，灯光亮）

旁白：下面进入采访环节。其实我们每个人都是心理剧演员，每个人的内心都是一个心理剧舞台。下面就请在座的各位老师、同学当一当编剧，如果是你，你会怎样设计剧情的发展呢？

（现场采访互动，采访老师、领导、同学共三个人）

第三幕　选择

旁白：我听到很多不同的观点，那就让我们先来看看两人在一起后会是怎样的吧。

A 剧

旁白：刚开始他们相处得确实很好，他们约定要相互督促、相互关心，他们要考同一所大学。

（韩熙有些咳嗽，乔逸拿衣服给她披上，然后倒水，吹了两下，将杯子放在韩熙桌子上）

乔逸：也不知道好好照顾自己，生病了吧，快喝水，要是没有我你可怎么办啊。

韩熙（羞涩又幸福地笑）：谢谢啊。

乔逸（带点儿动作）：行了，接着学习吧。

旁白：乔逸对韩熙无微不至的照顾让朋友们羡慕万分，虽然两人说好不要因为在一起而影响学习，但影响还是在现实中悄然发生。

白淼（拿着题去问乔逸）：乔逸大学霸，给我讲讲这道题吧。

乔逸：我可算不上学霸，（笑着说）我看看啊……（讲题）

白淼：哦，然后……对吧！

乔逸：对，就是这么做，你还挺聪明的，一点就透。

白淼（不好意思地笑）：嘿嘿，低调低调。

乔逸：那行，你有什么不懂的再问我。

白淼：好的，谢谢了。

（韩熙回头看着他俩。乔逸讲完后，韩熙叫住他）

韩熙：乔逸，你帮我看看这道题。

乔逸：哦，这道题啊，刚才白淼也问的这道。你看着啊……懂了吗？

韩熙（摇头）：不懂，这个……是怎么求出来的啊？

乔逸：你看啊，把这个代入这儿……就得出……对吧。

韩熙：那这个呢？

乔逸：这个挺简单的啊，你怎么就不明白呢，就是……

韩熙（打断他）：乔逸，你这是在烦我吗？

乔逸：没有，我就是有点儿着急，因为刚才这么给白淼讲她就听懂了，所以有点儿不知道该怎么给你讲了。

韩熙：不是你讲得不好，是我笨行吧。

乔逸：不，我不是这个意思。

韩熙：我怎么知道你是什么意思，别人听得懂那你去给别人讲啊，别管我了。

乔逸（语气硬一点）：你说你急什么啊。

韩熙：真是不好意思啊，我这么无理取闹。

乔逸：哎，别，别生气啊，好了好了，是我不好，我不该拿你和别的女生比，不闹了啊，我一定给你讲明白。来来来，看这儿啊……（哄韩熙的动作，语气软一点儿）

韩熙（不理他）：我不用你给我讲了。

乔逸：我都这么哄你了，你还想怎样？

韩熙：我不想怎样啊。

（乔逸气炸了。两人生气地对视，然后扭头不看对方。沈寻上场）

沈寻：乔逸，班主任……哎，你俩这是怎么了？闹别扭了？

乔逸：没有，你说班主任怎么了。

沈寻：哎呀，你俩的事先放放。班主任找你呢，你快点去备课区找他吧。

乔逸：班主任找我？有什么事吗？

沈寻：我也不清楚，你还是小心为妙。我这次考试成绩太不理想了，刚刚接受了老班一顿"语重心长"的思想教育才回来的。我看你呀，最近心思也没全放在学习上，而且这次的成绩也是严重滑坡，估计班主任是发现了什么哟。（看向韩熙）

乔逸：沈寻你别在这儿瞎说了，我这就去找班主任。（跑走又回来，把书扔给沈寻）你给她讲明白。

沈寻：韩熙啊，其实乔逸挺在乎你的，自己都这样了，心里想的还是你。

林泽：要不说，恋爱中的人容易迷失自我嘛！

韩熙：沈寻，你不要说了！（跑下场）

（灯光暗。钢琴伴奏。）

旁白：从老师办公室出来后，乔逸心情很低落。

乔逸：其实不用老师说我也知道，最近我的成绩确实有些下降，可到底是哪里出了问题？难道真的是因为和韩熙在一起分心了吗？我以为我可以兼顾学习和感情的，难道真的是我太自信了吗？想想刚才和韩熙的吵架，真的是我的错吗？我那么关心她，她为什么不考虑一下我的感受！在我心中她不应该是这么敏感的一个人啊。我到底该怎么办？

（灯光亮。乔逸、韩熙一前一后上场）

韩熙（一脸严肃）**：**乔逸！

乔逸：怎么了这么严肃？

韩熙：乔逸，刚才班主任跟你谈什么了？

乔逸：没，没谈什么，就是和我分析了一下最近的成绩。

韩熙：只是简单地分析成绩吗？

乔逸：是啊，就是帮我一起分析了一下成绩，还顺带说了说咱们社团的事情，就没别的了。你看看你，这一脸严肃的样子，别多想啊。放心吧，我没事的。

韩熙：你总是这么说，让我别担心、别多想，我怎么能不多想，我怎么能不在乎你？说什么过段时间就会好了，其实根本就不是这样的。你对我无微不至的照顾我很感动，可你在我身上耗费的精力太多了，所以成绩才会下滑得这么严重。

乔逸：你别这么想，这和你没关系。我只是这次没有发挥好而已。照顾你本就是我应该做的，放心吧，我会调整好自己的状态的。

韩熙：我自己可以照顾好自己的，我知道你的心意就好了，你多用些时间在学习上吧，我不想再看到你成绩下滑了。看到你这样，我感觉是我拖累了你。

乔逸：韩熙，这些都是我愿意做的，我觉得和你在一起，就算成绩下降一点，对我来说，也值得。

韩熙：乔逸，你怎么能这么想！我们当初说好不要因为在一起而影响成绩的。难道，你都忘了吗？

乔逸：我没有忘！我一直都很努力地在学习！你不要这么想好吗？

韩熙：我也不愿这么想，可是这种负罪感让我不得不退缩，你总说你在乎我，让我别把自己逼得太紧，说大不了你陪我去我能考上的大学。可你知道吗？现在的你就是我前进的动力，每当我看到我与你之间的距离还那么大的时候，我总是努力追赶。我最欣赏你的就是你明确的人生规划，这样的你才是我憧憬的对象，才是我想要的自己。现在，你却要为了我而改变它，这真的不是我希望看到的。

（乔逸上前一步，想拉住韩熙，韩熙躲开）

乔逸：韩熙……

韩熙：我希望你能一直做那个优秀的自己，做我喜欢的你。乔逸，我们还是分手吧，别再因为我影响自己了，我不能让你变得更好，我们不合适……（一边后退一边说，说完马上就跑）

（乔逸追了两步，停在原地，懊恼无奈的样子）

旁白：原来浮生万物中，所有重逢都不及初遇。我们到底还是年轻，不知这世间本就是春去秋来，人聚了又散。原本和谐的两人却闹成了这样，相信这不是他们想要的结局。当时光倒流，事情是向另一个方向发展的，结局会是怎样的呢……

B 剧

旁白： 第二天的演出很成功，演出结束后，韩熙一个人走在校园的小路上，想起昨天乔逸和她说的话，不知道该怎么回应。现在的韩熙内心充满了纠结，她到底该怎么办呢？

（《想把我唱给你听》背景音乐响起。灯光暗，一束追光给到韩熙，一束光给心理老师）

韩熙： 老师，您知道为什么我把自己比喻成未盛开的鸢尾花吗？

老师： 为什么呢？

韩熙： 因为盛开在夏日里的鸢尾花是爱情的象征，它期待爱情的降临。

老师： 爱情是美好的，尤其是你们这个年纪，对爱情都充满了美好的期待。

韩熙： 老师，您真的这么认为吗？可我为什么内心充满了纠结。

老师： 是啊，我能理解你的感受，爱情本来就是美好的，但你在犹豫什么、担心什么呢？能跟我说说吗？

韩熙： 我担心一朵还未盛开的鸢尾花会承受不住爱情的强烈与炙热。

老师： 你说得很对，其实鸢尾花是美丽的，爱情也是美好的，如果尚未盛开，缺少了鸢尾花的美丽，爱情可能也不会如期待中那么美好了。

韩熙： 老师，我明白了，爱情如此美好，而我现在要做的就是静待花开。

老师： 韩熙，遵从你的内心，勇敢地去做吧，老师相信你能做好。

（灯光亮）

旁白： 韩熙来到和乔逸约定的小亭子，乔逸早已等在那里。

乔逸： 韩熙，怎么这么晚？

韩熙： 有点事情，不好意思啊。

乔逸： 没事儿，也没等多久。（停顿一下）那个，昨天，我没有清楚地传达我的心意，今天叫你来，就是想明确地告诉你：韩熙，我喜欢你。

韩熙： 其实，昨天我就猜到了，我也一直在考虑。乔逸，你很优秀，但我不能答应你。

乔逸： 为什么？是因为不喜欢我吗？

韩熙： 不，不是的，其实说实话，我是有些喜欢你的。

乔逸：那为什么不答应？

韩熙：乔逸，你知道鸢尾花吗？它盛开的时候是那样美丽，不过能使它盛开的唯有夏日。我现在就如同那花一样，想给予你最美丽的自我，但是却力不从心……现在我觉得你已经成了我的依靠，成为我离不开的人。但是如今的你想给予我一个炽热的夏日，让我尽情盛开，而我还只是一个没有长大的花苞……

乔逸：韩熙，别在意那些好吗？我一定会给你我现在所拥有的最好的。

韩熙：我不是在意这些，而是想让我们都变得更好，我期待的是做与你比肩的一棵树，而不是依附于你的一株藤。乔逸，我想把这份喜欢当作激励我前进的动力，让我不断前行，不断缩小我们的差距。真正的喜欢是不会因为时间而消散的，又何须在意现在是不是在一起呢？希望你也能这么想。

乔逸：你说得有道理，是我想得有些狭隘了，其实之前我也一直在犹豫，不知道该不该告诉你。我也怕如果真的在一起，会影响我们的未来，我们现在的确还不够成熟、不够优秀，还给予不了对方真正最好的自己，若是真的为对方着想，就应该让自己变得更强大，这样才有能力一直守护对方。就像你说的，我也应该把这份喜欢作为前行的动力，只有这样，我才能给你更好的未来。以后，我们就把这份喜欢深埋在心中吧。

韩熙：你能这么想就太好了！现在的我们，都应该为未来奠基，你不要为我停下脚步，我相信总有一天我能与你并肩而行，我能有底气地说出：你很好，我也不差！

乔逸：好，那我们一起努力，我一定会变得更好，努力营造一个更美好的未来。我就在未来等着你。

谢幕

乔逸：十六七岁的我们，心中或许住过一个人，或模糊，或深刻。

韩熙：因为那个人我们想要开始改变，想让他看到自己最好的一面。

沈寻：喜欢一个人的意义，不在于在一起的甜蜜，而是因为这份喜欢，两个人都能成为更好的自己。

白淼：我们最终都要远行，最终都要跟稚嫩的自己告别。

乔逸： 人生总会有不期而遇的温暖和生生不息的希望。

韩熙： 我会好好记住所有的喜怒哀乐，我会在这些感情中慢慢长大。

林泽： 在未来面前，一切都是过去。

沈寻： 所有的美好，都在未来静静地等着你。

众人（合）： 愿所有人都能遇见最好的未来！

（灯光暗，播放《风吹麦浪》音乐，舞蹈演员伴随音乐独舞，舞蹈结束后灯光亮）

韩熙： 老师，我的故事就讲到这里了。

老师： 感谢韩熙的分享，在她的故事中，我们感受到了夏季的热烈，也感觉到了有时炙热也会带来一丝伤害。那朵夏日里的鸢尾花，一定会静待花期，在未来享受爱情的美好。

夏季过后，就迎来了秋天，秋叶萧萧而落，会让我们感到凄凉。同时，秋天也是一个思考的季节，在静谧的秋天，最适合我们向内探求、自我思索。那么，谁愿意来讲讲关于秋天的故事呢？

小诚： 老师，听到您关于秋的解读，让我想到了自己的故事，我觉得自己好像多变的秋风，在变化中开始迷失。我想给大家讲一个关于面具的故事。我的故事就从这里讲起。

（灯光暗，音乐响起。团体辅导人员下场，灯光亮）

秋之思 双面自我

第一幕

小心（美美地走过来）：小诚，你看我这回新剪的发型怎么样，好看不？

小诚（戴着面具）：好看好看。这么清新亮丽的发型，简直衬得你是气质非凡、貌若天仙，好似神女下凡，光彩照人啊！

小心（娇羞状）：哎呀，瞎说什么大实话嘛……

（小诚下场，退场过程有动作）

小瑞（走过来）：小心，你换新发型了啊？

小心（捂脸）：呀，这你都看出来了，太不好意思啦。（笑着凑上去）你看怎么样？

小瑞：说实话啊，这发型，没有原来好看。你这个发型剪得参差不齐，有点像那个什么——哦，对了，犬牙差互！

小心（秒变脸）：什么！参差不齐，犬牙差互！小瑞你就不能夸夸我吗，我再也不理你啦！

小心：小宁，你来得正好，你看我这发型，小诚说衬得我貌若天仙，小瑞上来就说人家发型剪得犬牙差互，人家都不知道该听谁的好啦！

（其他人做雕塑状）

小宁（左右为难）：说好看，就是明摆着说小瑞说得不对；说难看，就又会得罪小诚，同时还可能惹得小心不开心。做人真难呀！

小心：你倒是快说呀！

小宁：好看好看，不过每个人的审美标准可能不太一样吧！

小瑞：小宁，那你是说我没有审美咯？你自己摸着你的良心说说，小心的发型真的好看吗？

小宁：小瑞你说得是没错，可是小心爱漂亮嘛，你就多夸夸她嘛。

小心：原来你们都是这样的人！我再也不理你们啦！

小宁（蹙眉）：哎，怎么会变成这样！

（小瑞和小宁安慰小心，小心不理。小诚抱着书本上来）

小诚（独白）：我说什么来着，哪个人不喜欢听好话？你们看吧，说真话得罪人了吧！做人啊，就要学会修炼成一个球，在人与人之间周旋。人人都表现得好像"哎呀人家什么都能接受，什么都能听进去啦"，但实际上，他们不爱听实话！夸一夸他还则罢了，你只要说了他的一丁点不是，他绝对会把你拉过来剁掉！说了真话，死的是我！我可不想当那个loser！水至清则无鱼，（做动作）人至贱则无敌！

小心（独白，用手卷头发）：哎呀，人家长得那么美，小瑞总不能夸夸人家，人家不开心啦！不过，小诚和小瑞究竟谁说得对呀，这可关乎形象呢！美还是不美,这是一个问题!

小宁(独白):人与人之间要相互理解啊。和气生财嘛,和气生财,要调节好大家的利益也是很难啊!同学们有各自的苦楚,人人都不愿意让步,那我就只能当个润滑剂。小心的发型不好看,小瑞说话太直,小诚又有些假,我可不能像他们一样说啊,那样,不全崩了吗?

小瑞(独白):所谓良药苦口、忠言逆耳,作为朋友,说谎是不对的!小心不能闻过则喜,小宁做事又这么委婉,这怎么能助人成长?真不明白为什么她们要给我甩脸色。所谓良药苦口、忠言逆耳,真诚与正直才是做人的准则!小心的发型不好看,我们就要直白地、一针见血地指出来,这才能助人成长。我要说:"小心,发型还好啦。"她就永远顶着那个发型喽。哦,对了,立场要坚定,原则要坚持,万万学不得小诚——虚伪!这毛病,我迟早要给他扳过来!

(心理独白结束,四人转一圈回到现实)

小瑞:呀!对了,一会儿就开班会了,我还没做好准备工作呢!

小宁:那我帮你。

小瑞:好,咱们动作快点!

小诚(看着两人,猖狂一笑):搞定一切还得看我,我现在去安慰一下小心,没准儿还能争取到一张选票呢!

第二幕

旁白:同学们匆匆忙忙地进了教室,为班会忙碌地准备着。

小心(拿出镜子,拨拨自己的刘海儿,怀疑地看着):真的吗?可是我看小瑞说得也挺有道理的啊,这发型是不太齐啊!

小诚(尴尬地):呃,那什么,这叫艺术,艺术!你看大街上那些非主流,哪一个发型不是奇形怪状?(见小心惊奇地看他,察觉失言,忙捂嘴)哦,不,那叫什么,标新立异!这不正好显示你的与众不同、超凡脱俗吗!(灵机一动)你看咱老班那光洁饱满的额头,一看就知道人家才华横溢,能编写出全国最好的学案来,人家在乎过发型吗?!(小声)虽说真的在乎过。小心啊,发型乃身外之物,你看你长得这么可爱,学习又好,什么发型都合适啦!哎,说到老班,你知道他最近要选班委了吧?

小心:什么,选班委?这么重要的事我们怎么不知道?

小诚:我也是在楼上听他跟咱思宇小班长说的。小心啊,我平时待你不错吧?(见小心点头)到时候我竞选班长,你可得投我一票啊。至于小瑞嘛,她这个人,唉——

小心(好奇地凑上去):小瑞怎么了?

(小宁偷听,仔细思考,急急忙忙跑到小心旁边,挡在两人之间)

小宁:小心小心,小瑞说给你道歉呢,你原谅她吧。

小心(嘟嘴):可她那么说人家发型啦!

小宁:但是你想想,小瑞说的话虽然冲了些,可是不是都挺对的?

小心(点点头):嗯,是都挺对的,我就特别喜欢这样正直的她,虽然有时候我难以接受。而且我刚刚看了看,是不太好看啦。我原谅小瑞啦!

小诚(笑嘻嘻地凑上来):你俩说什么呢?哎呀,小宁你来得正好,回头咱们选举的时候,你可得投我一票啊。

小宁(小声地):可是我想投小瑞啊。(见小诚又向前凑了一步)好好,我投你一票。

小瑞(拍拍手):好了,现在同学们马上回到座位上,一会儿就开班会了,咱们的每周之星还没选出来呢。

小心(凑上前):对哦,咱们一会儿还得公布每周之星并且发奖呢。(眨眨眼,装可爱)说实话小瑞,你写我的名字好不好,人家也想当一次每周之星嘛。你看,人家长得那么可爱,放在展牌上也赏心悦目不是?

小瑞:不可以,我们要公平公正地选举。

小心:哼!(转向小宁)小宁,你投我一票好不好啊?

小宁(看了看小瑞):好呀,没问题。

小心:可是一张票不够啊!小诚你最聪明啦,你给我想想办法啦!

小诚(一脸狡诈):每周之星啊,就是优秀生的民主、差生的专政。说白了,还不是班长负责吗?咱们只要选一个能反映民意的人当班长,这事不就成了?

小心：听起来挺不错的。可是该怎么办啊？

小诚：嘿，你这就问对人啦！我们串通一气，哦，不，是齐心协力，选出一个班长，打入统治阶级内部，带领同学们翻身农奴把歌唱！

小心：那这么说来，只要我当上班长，每周之星就是我的啦！那我要当班长！

小瑞（点点头）：当班长是件好事，但是我们重点是要为班级服务，不能为自己谋私利。小宁，你说我说得对不对？

小宁：哦，对了，我绿皮书还没写呢！（抽出绿皮书）我写绿皮书！一会儿老师还查呢！

小瑞：小心你想当班长，你有这个觉悟吗？

小心：什么觉悟不觉悟的，人家不管啦，反正人家要当班长！

小诚（假装一脸为难）：不过小心啊，班长的事情也是各种的烦琐，你看吧：经常开会，自习上不了；干不好，要被老班骂。而且，时时要做好不吃饭的准备啊。

小心：啊？这么麻烦啊！那人家不要当班长了！

小宁：哎小心，我有道题不大会，你来给我讲讲。

小诚：这班不能一日无长啊，为了同学们的光明未来，我豁出去了。我来当这个班长吧！

小瑞（上下打量小诚）：难以苟同。小诚，第一，你有服务同学的觉悟吗？据我所知，你经常逃值日！你先尽好自己的本分吧。第二，你有追求卓越的信念吗？工作做不好，就是你没有追求做到极致！

小诚：呃，这个……哎呀小瑞！能别把自己整得这么正直吗，显得打一开始就处处针对我，搞得我们的关系老紧张了。这次你当着这么多同学怼我，你想咋地？这样下去我在同学们心中的形象可保不住啊。不行，我得把它圆回来。（戴上面具，回到现实）小瑞啊小瑞，话可不能这么说，你这可有点贬低别人给自己脸上贴金的意思啊。

小瑞：我可不像你。我只实话实说！（提高音量）

小宁：好了好了，别吵别吵，我都听不清小心讲题了。你们说得都有道理啦，谁当班委都行啊，我都支持。

小诚、小瑞：那你究竟投谁的票？

小宁：这个……

（小诚和小瑞回座位）

小宁：其实小心啊，虽然就像小诚说的一样，当班长是挺累的，但是啊，你还可以当别的班委啊，像学委、文宣委、纪委什么的。

小心：说得也是，那你看我当什么好呢？

小宁：嗯，这个……

小诚（凑过来）：哎，小心你还想当班委啊。哎呀，小心你人气这么高，当文宣委最合适啦，一定能选中的！

小宁：嗯，我觉得你也该问问小瑞，她的见解总是很精辟。

小心：嗯，我也这么觉得。小瑞特别有范儿，说的话总是很有道理的样子！我决定就去问她啦！小瑞，你来得正好，你看我当什么班委合适呢？

小瑞：嗯，小心适合当学委。利用你的智慧，利人利己！无论当什么，都一定要做好本职工作。

小心：那我究竟该干什么呀！哎呀不管啦不管啦，反正人家一定要当班委，你们必须选人家！

（小瑞和小宁无奈地对视）

第三幕

旁白：大家期待已久的班委选举终于到了！

小诚（站起来）：终于等到这一天了，不枉我卧薪尝胆这么多周。你问我班长会是谁？这还用说，当然是我喽。为啥？那当然是因为球的艺术咯——人人都有那么一个膨胀点，抓住狠狠地吹捧一番——那还不上天？等着吧，班长一定是我的！

小瑞：忠信仁勇义，此为做人的基本准则。真诚、正直、不要怕得罪人，虚假的面孔什么也赢不来！看着这正直的面具，你们谁会不信服！班长，是掌握在正义手中的！

小心：虽然人家不知道该怎么办才能当班委，但是看见这么可爱的面孔，你们舍得让她伤心吗？

小宁：选班委啊选班委，其实不论选谁，只要大家和和气气的，我都可以接受，但是我的票该投给谁呢？选谁其他几个人都不乐意。看来，我只能弃权了！这次，连牺牲自己都不行了。哎呀呀，和气真是太难了。

旁白：结果出来后，三人都没有当选。

三人（齐）：班委怎么不是我们？

小瑞：意料之中！小诚你果然没选上班委！我早就说你那副假惺惺的样子，赢不了选票！

小诚（一把摘下面具）：我再也受不了啦！你嘲讽了我多少次！说得你好像选上了似的！就你那直得不打弯儿的性格，得罪一大片，还自以为正直得很！

小心：你们都不选人家！你们伤害了我幼小的心灵。小诚，你之前不是说我人气那么高，一定没问题，怎么现在这样！

小诚：我那么一说，你还真信！你先改了你那娇里娇气没主见的毛病再说别的吧。

小瑞：虚伪的人最会给自己找借口！你就是不懂得真诚的力量！还有小

心，我早就告诉你，要听实话，看，现在被骗了吧！

小心：你们当我愿意吗！楚楚可怜的样子不是小可爱的代名词吗！我不娇气了，你们就会选我啦？

小诚：你们以为我愿意阿谀你们每一个人？不说你们好话，你们不就跟怼小瑞一样来怼我啦？直来直去，谁面子上都挂不住！

小瑞：我正直，不就是为了符合班长的形象！正直，真诚，这不都是你们给班长贴的标签？古代的奸臣不都是被你们定义成不说真话的吗？

小心：那你也不能那么直白啊！剑剑刺人，你疼不疼？

小宁：行了行了，不就是班委吗，下次还有机会。

三人（齐）：说得好听，你选的我们谁？墙头草！一点原则都没有！

小宁：够啦！我牺牲自己，就是为了维护同学们的和气，现在你们就这么对待我的奉献？我奉献，我委曲求全又怎么了？

小诚：那我们究竟是谁错了？（转向老师）老师，你看，我觉得我就像多变的秋风，八面玲珑适应一切，却迷失了真实的自己。我们都有各自的迷惑，我们都不知道自己应该怎么做。

老师：小诚，我看到了你们的迷茫，其实你们并没有错。在生活中，我们都在扮演着不同的角色，也可以说我们都是戴着面具生活的，有的时候，

面具可以保护我们不被伤害，有的时候，戴面具也是为了和别人和睦相处，不伤害到别人。比如小诚，相信你的面具就是为了获得更多的支持与认同，是这样吗？

小诚：是的，老师，我八面玲珑地恭维着所有人，就是想让别人喜欢我，获得一个好人缘，可有的时候我都不知道自己哪句话是真的了。其实，我挺羡慕小瑞的直爽，想说什么就说出来，这多痛快。

小瑞：老师，我觉得我的直爽有时也会让别人受到伤害，我也知道自己这样是不太好的，我也需要改变。

老师：很好，小瑞，你能这样想很好，老师相信你能在保持自我态度和不伤害别人之间找到一种平衡的。

小心：老师，那我呢，我特别在意别人对我的评价，这些评价总能左右我的情绪。

老师：小心，我们都愿意听到别人的赞美，听到对自己负面的评价，我们也都会失落、难过。但我们要认清真实的自我，才能从别人的评价中收获、反思，成长成更好的自己，才不会被你的面具和情绪所支配。

小心：嗯，老师，我知道了，别人的评价并没有那么重要，重要的是认清真实的自我。

老师：好，接下来，小宁，你有什么想说的吗？

小宁：老师，我觉得我好懦弱，我成全了所有人，只委屈了我自己，我从来不敢拒绝别人，我害怕当我说"不"后，所有人都会离我远去。

老师：小宁，我能体会到你说的委屈，我看到了你的面具是用来保护自己的，我们都有保护自己的本能，但有时一味地迁就别人也许并不能保护自己。在我们与别人交往时，坚守自己的原则，适当的时候，学会对别人说"不"，更是保护我们自己的方式。

小宁：老师，我明白了，我会在以后的日子里尝试改变，尝试说"不"的。

老师：面具象征了我们每个人的性格，面具在性格中的作用是双面的，既可能是有利的，也可能是有害的，只有学会合理地使用面具，才能达成自我的成长，收获和谐的人际关系。

（四人朗诵）

面具是公主的假面，以楚楚可怜做修饰的花边
面具是谎言的双面，用阿谀逢迎求他人的心欢
面具是懦弱的伪装，将妥协奉献保人际的和谐
面具是真诚的利刃，用直言不讳当正义的准则
我们每个人都有面具，面具是我们的个性，是交往的工具
师生之间有面具，老师以亦严亦慈为面具，我们则或聪颖或调皮以对
家人之间有面具，父母以爱与包容做面具，我们则或跋扈或乖巧以对
同学之间有面具，或以热心为面具，或以贴心为面具，或以冷漠保护自己
社会里的每一个人都有面具，面具是我们的身份
面具是个性的表达，是共性的融合
面具是个人的张狂，是集体的适应
面具是虚假的掩饰，亦是真实的外放
面具或好或坏，亦敌亦友
秋天是思考的季节，秋天是收获的季节
从高中到社会，从小我到大我，我们需要面具的正确打开方式

（灯光暗，音乐《夜空中最亮的星》响起，舞蹈演员随音乐独舞）

老师：感谢小诚为我们带来的故事，他的故事让我们看到了他们在多变的秋风中迷失了自我。同时，秋天也是收获的季节，在完成了自我思索之后，相信他们定会收获最美的果实。

秋天是思考的季节，接下来让我们一起去探索一下我们自己的生命故事吧。请大家以一个舒适的姿势坐好，我们要开始今天的幻游旅程了。你可以把双脚平放在地面上，双手自然地放在大腿上，保持脊柱挺直并且舒适……自然地闭上眼睛，调整自己的呼吸，让自己完全地放松下来，聆听我的声音。保持这样安静的状态，让你的心沉静下来，整个人都沉静下来。现在，请你跟随我的声音放松身体，想象有一架心灵的扫描仪把自己从头到脚都扫描一遍。（停顿）

看看哪里还不够舒服，哪里还不够放松，把自己从头到脚扫描一遍。让你的全身都放松下来，聆听着我的声音，很自然地想象一下，在这个舞台上，将要上演一幕话剧，而这幕话剧的主角就是你，马上将要上演的是我们人生的第一幕。当你来到这个世界，你还是一个小婴儿的时候，谁来照顾你，是谁陪在你身边，你的感受是什么？是谁牵着你的手，谁给予你支持与感动？

接下来，将上演的第二幕，是你的小学和初中阶段。在这个阶段，你想到了谁，会有什么画面浮现在你的脑海里，发生了什么样的故事，你的感受是什么？舞台的第三幕，将上演的是你的高中阶段，知道你要来衡中的那一刻，你是什么样的感受，在三年结束时，你将在哪里？在这三年里，你对自己的期待是什么，爸爸妈妈对你的期待又是什么？你们之间的关系又怎样？你是否能够感受到他们的爱？他们是否能够支持你？在我们这个年纪，可能与父母观点会有不一样的地方，但相信我们的出发点都是一致的，就是为了有一个好的未来。看到舞台上的一幕一幕，如果让你给你的话剧起个名字，会是什么？好，现在，请你轻轻地睁开眼睛，回到我们的现场，请台下的观众和我们一起来分享一下，刚才你都想到了什么？你话剧的名字是什么？

（台下主持人采访，第三位被采访人是叶蓓）

叶蓓：我刚刚想到了我的父母，我觉得我们之间的关系让我感到寒冷和孤寂。

老师：我们每个人都是自己话剧的主角，也是我们生活的导演，这位同学，你愿意来分享一下你的故事吗？好，接下来的时间，我们一起来听听这位同学的故事吧。

（灯光暗，音乐起，团体辅导人员撤。灯光亮，女主唱歌）

冬之情　放飞梦想

第一幕

叶蓓在屋里画画、唱歌。父母不知道她在屋里。

叶妈：你怎么才回来？孩子好不容易放一次假，你也不早点回来。你看看孩子，成天就知道唱歌，也不学习，今天到现在还没回来，你也不管管。

叶爸：单位天天那么多事我忙得过来吗？再说了，你不是在家吗，你怎么不管啊。

叶妈：我管？我管得了吗我？孩子要你这当爸的有什么用？

叶爸：啥事都推我身上，我看她天天这样就是随你。

（叶蓓从房间出来，走进客厅，一边哼歌一边听着音乐）

叶爸：你刚才干吗呢？

叶蓓：你管我干吗呢！唱个歌你都管？（一脸不屑）

叶爸：你看你那样，一天天除了唱歌还知道什么啊？

叶蓓：学习就不能玩音乐了吗？你真的是……

叶爸：就你那成绩，还玩音乐？

叶蓓：怎么，我连点追求都不能有啊？你懂什么叫理想吗！

叶爸：还追求？！还理想？！理想能当饭吃吗？！只有理想你能干吗？！你以后只靠理想活着吗？！先给我老实学习再谈别的！

叶蓓：学学学！成天就是学习，一天天还有点别的吗？有理想是我的错吗？！我就纳闷你没年轻过吗？没有过理想是吗？！

叶妈：就是因为我年轻的时候像你一样，所以我现在才这样。我不想让你再走我的路！

叶蓓：那是因为咱俩本来就不一样，别以为我会重复你那所谓的糟糕人生！你是你，我是我！

叶爸：怎么说话呢？那是你妈！什么态度啊？！真是不懂事！

叶蓓：我怎么了？我态度难道不好吗？我就这态度！我就要按照我喜欢的方式去生活，你们谁也别管我！

叶爸：你……（举手打叶蓓）

叶蓓：爸，你居然打我！（哭腔）

叶爸：你，你走！走！（有点后悔）

叶妈：都消消气吧。你去做饭吧。

（爸爸叹着气走向厨房，叶蓓回房间，坐在椅子上）

叶蓓：小时候你们想要的是我开心和健康，我想做什么你们都会让我做什么，我说我想唱歌，（小替身出场，表演唱歌）我说我想跳舞，（小替身表演跳舞）想干什么就干什么。自打上了高中以后，咱们多久没聊过了？小时候那个快乐的我再也不见了，你们对我的爱呢？我感受不到啊。妈，你关心我想穿什么，你关心我想吃什么，可你就是没有关心我究竟想要什么不是吗？爸，你为什么要打我？我想跟你说我的梦想，我想跟你说我理想中的未来是什么样子，我想跟你好好聊聊，我不想每次一说话就是吵，真的不想。

第二幕

（排练，乐队同学收拾东西）

张泽（突然扔东西）：你们觉得这样每天有意思吗！

阿楠：啊？怎么了？

张泽：咱们这样下去也没结果，每天就是陪着她玩儿。她每回都把家里的情绪带到这儿来，我是在浪费自己的时间陪她。就她那种状态，我要不是看在咱们都是兄弟，我早就不玩儿了！

阿楠：别太伤她心，她挺脆弱的，她就是太喜欢音乐了。别说了，她来了。

（叶蓓眼圈发红，抽泣着走过来）

张泽：你是不是又跟家里吵架了？！老是带着情绪排练！

叶蓓：没有，跟他们有什么可吵的。没事，来！练吧！

（《曾经的你》旋律响起）

叶蓓（唱完第一段，忽然抱头大喊）：不行！我唱不下去了！

张泽：你到底行不行啊？

阿楠：你先调整一下自己的情绪吧。你这种状态下排练只能越来越差。

（叶蓓失落）

张泽：你……（刚张嘴就被阿楠拦住）

阿楠：我们几个可能以后来不了了。

叶蓓：为什么？（又伤心又疑惑）

（张泽要张嘴，阿楠拦着但没拦住）

张泽：你还不懂吗？你这状态一天不如一天，天天把家里受的气撒在这儿！我们陪着你还有意义吗？！

阿楠（拦住他）：你也知道虽然他话说得不好听，但其实也就是这么回事。你也得调整好状态后我们才能陪着你啊。我们都不想让你伤心，但是你也得成熟一点，明白自己现在应该做什么。我们先走了。

叶蓓（冷笑）：嗯。

旁白：此时叶蓓心里十分难受，她拿起了吉他，可能只有音乐才能走进她的心里，只有音乐才能让她暂时忘掉内心的伤痛。

（叶蓓唱《我真的受伤了》，配沙画衬托）

旁白：班主任刘老师正在看周记本，同学们都叫他鹏哥。他发现叶蓓周记特别消极，正在思索的时候，从本里掉出一张纸，那是叶蓓废弃的私人日记，看完之后，鹏哥若有所思。

日记内容是：今天，又跟爸妈吵架了，他们总是嫌我这个不好那个不该，他们只在乎成绩，根本就不在乎我心里想的是什么。我不是在玩，我真的喜欢音乐，真的不是他们想的那样……

鹏哥思索了片刻，拿起了手机。

鹏哥：喂，您好，是叶妈吗？我是她的班主任刘老师。

叶妈：刘老师啊，怎么了？叶蓓她是不是又惹您生气了？实在是对不起，对不起。

鹏哥：没有没有，叶蓓就是最近状态不太好，她的情况我也听说了。这周六咱们学校有八十华里远足的活动，您和孩子的父亲就作为跟队家长陪孩子们远足，也正好借此机会调节一下父母和孩子的矛盾。（边走边说）

叶妈：非常感谢您给我们提供一个这么好的机会，我们一定参加。

鹏哥：接下来我给您说一下班级远足的一些注意事项……（下场）

第三幕

（远足开始，叶蓓和同学们一起向目的地走，叶蓓的爸爸妈妈悄悄跟在队伍的后面）

叶妈：孩子怎么不跟同学说话啊？哎，你看她怎么又落下来了，用不用上车啊？

叶爸：应该不用，再看看吧，但愿她能坚持下来。

旁白：渐渐地天空飘起了雨。叶蓓没有雨伞，叶蓓父母上去关心她。叶爸把雨伞递给叶蓓。

叶蓓：我不要！怎么，又来监督我了？还有完没完了，烦不烦啊？

叶妈：我们只是远足的跟队家长，在路上照顾同学们。你别多想。

（叶蓓一脸不屑地往前走）

旁白：叶蓓看到父母转身躲雨的背影，想拦下他们却又停下来，心头发酸。她想起了小时候下雨和爸爸妈妈一起打伞踩水花的情景。

（镜像表演。小叶蓓："妈妈我想踩水，爸爸雨下大了！"一家三口温馨的画面）

叶蓓：小时候父母为我撑起一把伞，现在我也要为他们撑起一把伞。爸，妈，谢谢你们能够理解我，那天我不该和你们吵，我太不懂事了，请你们相信我，我一定不辜负你们的期望。爸，妈，我爱你们！

（大合影。灯光暗，音乐《美丽心情》响起，舞蹈演员上场，追光追舞蹈演员。灯光亮，还原团体辅导场景）

老师：很好，感谢这位同学为我们带来的她的故事。冬天的降临，掩盖了生机，留下的只有寒冷和悲伤。冬天代表了拒绝，但冰雪消融之后，冬天会孕育出更大的力量。

四季的故事我们都讲完了，感谢大家的分享，让我们经历了春的希望、夏的炙热、秋的思考、冬的孕育。四季轮回，我们就在这不断的循环交替中期待着、思索着、收获着、成长着，这就是我们青春的四季，这就是关于我们成长的故事。

（全剧终）

第四节 心理文化节丰富学生内心世界

活动是教育的必需,是师生生命成长的必需,是让教育悄然发生变化的催化剂,所以,组织丰富的心理活动应该是学校心理健康教育整个体系中的重要构成,学校要为学生们搭建多个交流平台,创设心理情境,让学生在活动中感悟和体验成长。

以衡水中学为例,通过举办心理文化节、心理专题讲座、校园心理剧等多种心理活动,让学生在活动中开阔视野、丰富阅历,增加心理健康知识,增强心理调控能力,形成积极阳光的心态。

心理文化节活动是学校心理健康教育的主要活动之一。此项活动由心理咨询室确定活动方案,心理社团负责组织执行。心理文化节要有明确的、符合学校实际的活动方案,确立一系列的校园心理活动,比如心理健康知识宣讲、心理健康知识图片展览、班级心理墙报比赛、心理手抄报比赛、心理漫画大赛、心理影片展播、团体心理辅导工作坊等。以衡水中学心理文化节为例,每届心理文化节均有鲜明的主题,如"中国梦快乐心""健康心灵和谐校园""关爱自我和谐成长""健康心理快乐学习"等,活动内容包括心理健康知识宣讲、心理健康知识图片展览、班级心理墙报比赛、心理手抄报比赛、心理漫画大赛、心理影片展播、心灵故事征文大赛、心理微文学征集大赛、"晒祝福"活动、心理剧展播、沙盘团体心理工作坊、21天不抱怨心理主题活动、人际交往团体心理工作坊等，努力通过多种形式和渠道将心理知识带到师生们中间。

附1："阳光心灵，快乐成长"第二届心理文化节活动方案

2018年10月，心理咨询室将联合心理协会社团、心理剧社团、各年级部举行第二届心理文化节活动。

一、活动内容

1. "优秀心理漫画"征集活动。

2. "我心中的幸福校园"绘画征集活动。

3. 心理板报评比活动。

4. "'幸福树'——晒晒生活中的小确幸"心理主题活动。

二、活动对象

全体师生。

三、活动筹备

"幸福树"宣传展板、便笺纸、笔若干。

四、活动地点

各年级教学楼内。

让学生在宣传展板上写出自己在学习、生活中幸福的小事或幸福的瞬间，鼓励学生发现身边的幸福，让学生由此热爱生活、热爱学校、热爱生命。

五、"21天不抱怨"主题心理工作坊

活动对象：学生自愿报名。

活动内容：在"21天不抱怨工作坊"中，参与者将佩戴"不抱怨"手环，相约在未来的21天里不会对任何人或者事情进行抱怨，从而培养心中的正能量。

六、"加油高三"——为高三学生晒祝福活动

活动对象：全体师生。

活动筹备："加油高三"宣传海报、便笺纸、笔若干。

地点：高三教学楼前。

七、优秀校园心理剧展播

活动目的：让学生通过观看校园心理剧，增加压力调节、人际关系改善的方法与技能。

活动对象：全体学生。

活动时间：周三第八节课，统一播放优秀校园心理剧《重新起航》（学业适应主题）、《第101个孩子》（人际关系主题）。

八、VR考试心理调适课程体验

活动对象：高三学生。

活动地点：心理活动室。

九、OH卡牌团体心理辅导活动

活动对象：学生自愿报名。

活动时间：社团活动时间进行OH卡牌自我探索。

十、心理讲座

讲座对象：高一年级全体学生。

讲座老师：心理教师。

主题：新生入学适应主题。

时间：年级部统一协调安排。

心理咨询室

2018年9月

附 2：第二届心理文化节之"心理漫画"征集活动

一、活动对象

全体师生。

二、活动要求

1. 表达生活、学习中产生的心理感悟等或趣味或感动或富有哲理的漫画。作品要反映高中生自尊、自信、自强的自我意识，思想积极健康，心态积极阳光，具有较高的审美性和心理健康教育的意义。

2. 漫画须画于 A4 打印纸上，稿件不退，请自留底稿。建议用黑色碳素笔绘画。

3. 每幅作品作者限 1 人。

4. 优秀作品将颁发校级证书。

附3：第二届心理文化节系列活动之"优秀心理板报"评选活动

请各班积极创办以"健康心理快乐人生"为主题的心理板报（比如阳光心态、青春梦想、人际和谐、幸福成长、自立自强等方面的内容），10月17日由心理咨询室、心理协会进行摄像、评选。

奖项设置：一等奖4个，二等奖6个，获奖班级将颁发奖状。

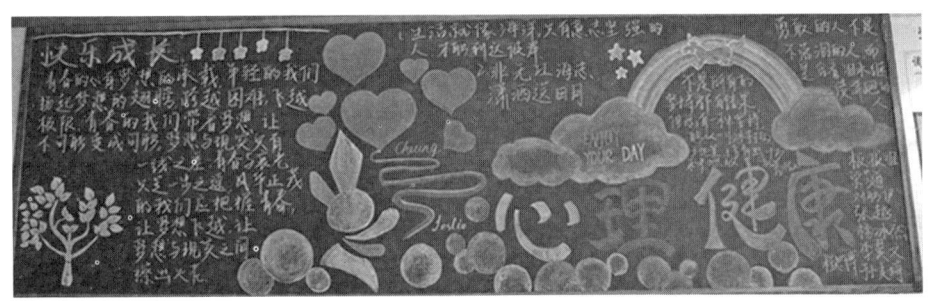

附4：第二届心理文化节之"我心中的幸福衡中"主题绘画征集活动

一、活动对象
全体师生。

二、活动要求

1.请结合"我心中的幸福衡中"主题，用"素描、水粉、水彩、油画"等形式画出"我心中的幸福衡中"，内容可以是校园一角、校园里的某个雕塑、校园建筑、教学楼内的某个物品、教室、某个你喜欢的老师、校园生活的某一情景等，即任意一种校园生活中让你感觉到幸福和快乐的一个场景，或人或物或建筑，旨在激发同学们发现校园生活的美好和幸福，从而更加热爱校园生活。作品要具有较高的审美性和心理健康教育的意义。

2.漫画须画于B4打印纸或画画专用的宣纸，稿件不退，请自留底稿。

3.每幅作品作者限1人。

4.优秀作品将颁发"校级证书"。

第五节　心理专题报告激发学生内在潜能

高中学生在不同年级有不同的心理特点。不同年级的学生所面临的问题不同，所以呈现出来的或者可能出现的心理困惑也不同，而心理专题讲座在解决这些具体的心理问题方面针对性、有效性较强。心理专题讲座这一心理活动类型也是学校心理健康教育的重要途径之一。例如，高一新生进入高中校园，面临新校园、新教师、新同学等一系列新鲜事物，较易出现适应性问题，所以在高一开设适应性主题的心理专题讲座就非常有必要。高二学生较容易出现人际交往、学习动力等方面的问题，所以在高二给学生开设人际沟通主题、学习动力主题方面的讲座就非常有效。高三学生临近高考，心理会出现紧张、焦虑的问题，针对这类问题，对有需求的学生进行考试心理调适的专题讲座是非常有必要的。所以，在高中的不同阶段，我们要根据学生不同的心理需求，邀请相关著名心理专家或安排学校心理老师为学生做专题心理报告，帮助学生破除心理障碍，激发学生的潜能，增强学生自信心。以衡水中学为例，在高一新生入学伊始，由心理咨询室教师给全体高一新生进行"快乐适应高中生活"主题的专题讲座；邀请心灵成长专家一竖老师对高二学生进行感恩教育；在高三距离高考200天、100天、50天节点组织的大型专题报告中，邀请全国著名高考心理辅导师赵恺教授、著名教育专家王金战老师、中国航天城航天员杨利伟的心理训练师刘芳教授对学生进行专题报告，对学生在备考心态、考试策略等方面进行专题培训。心理咨询室教师也会对高三卓越班学生、部分优秀学生进行专门的潜能开发、信心培养的专题讲座。

第六节　关注教师心理健康，播种幸福教育

教师的职业是一种特殊的职业，正如雅斯贝尔斯告诉我们的："教育意味着一棵树摇动另一棵树，一朵云推动另一朵云，一个灵魂唤醒另一个灵魂。"教师工作的这一特殊性决定了教师心理素质的重要性。随着时代的发展，社会对教师提出了新的要求，教师承担的角色日趋复杂，教学任务、升学压力、社会与学生家长的期望等诸多因素的影响，增加了教师的工作强度和职业压力，教师会出现不同程度的心理问题，但教师职业的特殊性又要求教师必须是心理健康的人，因为，教师的一言一行在学生心目中将产生重大而深远的影响。这就要求教师不仅要用高超的教学艺术去培养学生的智力，而且更重要的是要以高尚的师德和良好的心理素质去感染和熏陶学生，而高尚的师德和良好的心理素质源于健康的心理。教师是幸福的职业，让教师在工作中体验到幸福感，不仅是学生快乐成长的保证，也是教师自身发展的愿望，更是教育事业发展的需要。

那么，如何提高教师自身的心理健康水平，培养教师良好的心理素质呢？应重点做好以下几方面的工作。

1. 生活上关心，深入了解教师的实际心理需要。学校领导要不断地深入教师中间，对教师的性格、家庭等多加了解，当教师遇到困难时，学校要尽最大努力给予帮助，要时刻把教师的冷暖记在心上，对教师给予充分的理解和关心，这对教师形成良好的心理素质是大有益处的。

2. 制度上关怀，完善学校对教师的管理。学校要成立教师心理健康工作小组，时刻了解和关心教师所遇到的心理挫折，并把教师的心理健康工作作为学校工作的重要内容，通过定期开展心理健康讲座、校本培训以及建立教师心理检测机制等途径来帮助教师学会正确的心理调适，增强应对困难和挫折的能力，

减轻教师的精神紧张和心理压力,有效地提高教师心理健康水平。

3. 活动上保障,丰富教师的文体生活。学校要不断加强校园文化建设,多组织教师进行文体活动,为教师提供更多的体验空间。可以定期组织老师们进行素质拓展训练活动,让老师们走出备课区,去锻炼和放松,让教师在强健体魄的同时优化心理。研究表明,锻炼时排出的汗水可以将停留于心中的情绪之毒排除掉。比如打一场篮球、打一场乒乓球,浑身是汗,同时会感到全身轻松。在活动中,大家相互交流,说说笑笑,即使原来有一些不开心的事也会在活动中忘掉,从而心里阳光灿烂起来。参与教师活动,可使老师们在愉悦身心的同时缓解工作压力,增进彼此之间的了解。在丰富业余生活的同时,无形中提高了教师的心理健康水平和生命质量。

与此同时,作为一名教师要有自我调节的方法和积极的态度,从而不断提高自身的心理素质。

1. 要有一颗平常心和正确的利益观。既然选择了教师这份职业,就要尊重自己的职业选择,愉快地履行教师"教书育人"的义务,牢记教师的职业道德,而不要自卑、自怜、怨天尤人。只有在自觉、自爱、自尊的心理前提下,我们才能心情舒畅、敬业乐业,才能享受职业给我们带来的快乐。

2. 理智地面对困难与挫折,加强自身学习。身为教师,只有不断提高自身的综合素质,不断学习和掌握新的知识,尽快适应新的教学观念,掌握新的教学方法,达到新的教学要求,才能寻求新的发展,也才能真正拥有心理上的安全感。教师只有不断地接受新知识,开阔自己的视野,才能使自己站在更高的角度看问题,以更平和的心态对待生活和工作中的不尽如人意之处,更少地体验到焦虑和挫折,对维护心理健康有重要意义。

3. 学会自我调适,有效调节不良情绪。教师要学会积极的自我心理调适,不做情绪的俘虏,当发现自己情绪消极时,可运用心境迁移的方法,去做一些自己喜欢的事。当心理失衡时,可以通过合理化幻想、合理的情绪宣泄的方式来安慰自己、说服自己,自我解脱,以释放和缓解心理压力,避免更大的心理伤害。

附1：教师阳光心理素质拓展训练课简介

一、课程理念

让全体教师强健体魄、愉悦身心，感受集体的力量，享受教育的幸福。

二、课程介绍

教师阳光心理素质拓展训练活动自开展以来，深受老师们欢迎，老师们在活动中不仅锻炼了身体、愉悦了身心，而且在活动中体验到了团队的力量、幸福的力量。教师是幸福的职业，让教师在工作中体验到幸福感，不仅是学生快乐成长的保证，也是教师自身发展的愿望，更是教育事业发展的需要。教师的幸福体验如何，不仅直接影响着自身的教育教学状况，也直接影响着学生的成长。

伴随着教师专业化成长的需求，同时也为了使该项活动更规范、更好地为老师们提供体验空间，感受幸福教育的真谛，按照学校"让学生享受幸福教育，让教师享受教育幸福"的指导思想，特开设"教师阳光心理素质拓展训练课"，增强老师们的主观幸福感。

三、实施机构

心理咨询室，高一年级部，高二年级部，高三年级部。

四、课程安排（以第一学期为例）

高一年级：第4周、第7周、第11周、第15周、第19周。

高二年级：第3周、第6周、第10周、第14周、第18周。

高三年级：第2周、第5周、第9周、第13周、第17周。

五、实施方式

学校心理咨询室负责设计制订每周各年级的活动方案，年级部具体组织实施。课程主要以心理素质拓展活动为主，参与及获奖人员均颁发奖品。

附2：教师阳光心理素质拓展训练活动设计

活动设计一："我们在一起"绑腿跑比赛

比赛以备课组为单位进行，各备课组积极准备、认真组织。

一、参赛人员

各备课组各出5~6人进行比赛。由于有的学科组人员较多，所以语、数、外学科组可分成两个小组参与比赛。

二、赛程路线

由足球场东侧端线（白线）开始，至足球场西侧端线（白线）结束。

三、比赛规则

1. 以本组全体老师穿过终点线为到达目的地。

2. 绑腿绳必须绑于膝盖以下脚踝处附近。

3. 绑腿跑进行期间不允许使用抬、抱、扛及一些不合理动作帮助队友进行比赛。

四、比赛程序

前10分钟，各组老师练习，进行热身活动。

第一轮：以备课组为单位全体老师进行比赛。

第二轮：以年级部为单位，A、B部老师进行比赛。

活动设计二：踩石过河

一、参赛人员

每6人一组，分若干组。

二、比赛方法

赛道始点、终点两头各两组，每组分3人自由组合，第一组起点组员持4块"石头"，由第一名队员向前搭放"石头"，第三名队员不断地把身后的"石头"传给第一名队员。3人踩着"石头"前进，要求脚不能触地。待3人全部过界到达赛道对面终点后，第二组接过"石头"以同样的方式往回走，最先到达起点的为胜。比赛以时间长短排出各队总体名次。

三、比赛规则

参赛队队员在起点线外准备，待一组队员全部到达终点时另一组才能开始接力。按时间记名次,比赛过程中只要有脚触地的情况均视为犯规,违规一次扣10秒时间。

活动设计三:心有千千结

活动规则:若干人(男老师一组,女老师一组)为一组,牵起手围成圈,记住自己的左右手拉的分别是谁的左右手,主持人歌声或者拍子响起时,在附近自由移动,歌声或者拍子停下,原地站立,再牵起原来的手。比如你左手本来是A的哪只手还是A的哪只手,不管打乱后你旁边站的是谁,这样大家的手就成了交叉的。大家一起齐心协力回到原来的位置去,过程中手不能松。

游戏的高潮就是队员紧握着手,通过"钻""绕""转身"等动作,努力解开"结",重新形成一个圈。

活动设计四：心手相连

活动规则：每个小组所有成员都手拉手围成一圈，把呼啦圈套在其中一个队员的胳膊上，开始传递呼啦圈。为了把呼啦圈传到终点，每个队员都需要从呼啦圈中钻过去，但手不能松开，用时最短的组即为获胜。

活动设计五：双龙戏珠

活动规则：以年级为单位（A部教师一组，B部教师一组），每组每次派两名队员背靠背将一个皮球夹在两人之间，向前行走，进行接力比赛。在行走过程中球不可以落地，看哪一队在最短的时间内将行程走完。

活动设计六：夺包奇兵

活动规则：将一个边长1.5米的正方形分成9个小正方形，小正方形由1~6分值的正方形和3个空白分值的方形组成。比赛队员在距离5米远的位置向大正方形投沙包，每人投掷5次。累计该队总分，以得分多少排定名次。

活动设计七：海豚戏珠

活动规则：每组老师平分成两路纵队分别站在起点、终点，第一人拿排球向前跑，钻过呼啦圈到达终点，将球交给第二个人；第二个人再拿球穿过呼啦圈到达起点，将球交给第三个人。依次进行，在最短时间内完成的小组获胜。

活动设计八：杯水传情

活动规则：以年级为单位（A部教师一组，B部教师一组），每组每次派两名队员，一位老师戴上眼罩，扮演盲人，在另一位老师的指导下，将指定水

杯里的水运送到终点。在规定时间内运送水最多的组即为获胜。

活动设计九：慢条斯理

活动规则：骑慢车。参赛老师在规定跑道上骑车到达终点，中途脚不得着地。中途落地即淘汰，最后到达终点者获胜。

活动设计十：快乐接力

活动规则：每个备课组派出5名老师，完成下列步骤。
第一步：快乐传递
参赛队员排成一路纵队，第一人手持排球准备。比赛开始，由第一人开始用头上、胯下的方法向后传递，传至排尾，排尾抱球跑回。一轮先完成后团队全体成员一起前行，进行接力第二步。

第二步：风雨同舟

每组5人排成一路纵队，队尾背向而站当舵手。5人两侧手握同一根3米长的竹竿组成一艘龙舟，听到发令后，齐心协力从起点出发，以中途不散架先跑到终点者为优胜。任务完成后团队全体成员一起前行，进行接力第三步。

第三步：快乐跳跃

5人同时跳绳，如果中途坏掉，从0开始继续跳，跳够10个就算圆满完成任务。最后，以最先进行完三步活动的组为胜。

附3："我爱我家"活动方案

生活就是一个大秀场，衡中就是一个大舞台，"我爱我家"照片征集活动一直受到老师们的欢迎和好评。为了继续为老师们搭建"秀出幸福生活"的平台，学校现组织"我爱我家"照片征集活动，请老师们上交电子版家庭照片，翻拍、扫描的老照片均可，照片要体现"我爱我家"的主题，照片记录的可以是一个温馨的瞬间、一个感人的画面，或者是家庭的变化过程、个人的成长故事等，并且每组照片可以配上精美的图片说明文字，让每一组照片都有一个幸福的诠释。幸福是什么？其实，幸福就是生活在一种"沉醉"的状态中，沉醉于家庭的快乐、工作的和谐。还等什么？老师们赶快行动吧，加入我们幸福的行列！

一、活动内容

1.为每位老师量身定做一件"我爱我家"个性作品。

2.年末制作"衡水中学我爱我家"视频。

二、具体内容

1.本届"我爱我家"系列作品共有十项可选:个性台历、精美相框照片、个性水杯、水晶照片、水晶苹果、水晶屏风、照片盘、水晶挂饰、水晶钥匙扣、手机链。

2.提交照片要求。请上交电子版照片,体现"我爱我家"的主题。若照片需要添加文字效果,请用您所需要添加的文字命名照片即可。照片如有其他要求,请用同样的方法标示清楚。

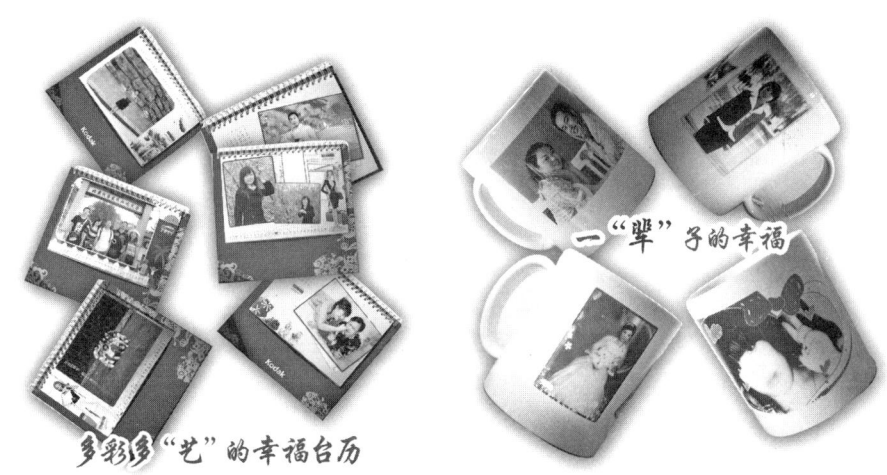

第七节　家校联动丰富心理健康教育资源

家庭教育是教育体系的一个重要组成部分，是一个人走向社会之前所要经历的一个重要阶段。家庭教育对于一个人来说，是最早的教育和最初的教育；对于教育的系统来说，又是整个教育中最基本的教育，是一切教育的基础和起点，是教育之源。一个孩子教育的成功，首先应来自家庭，而且应来自科学的家庭教育。一个学校的教育成功，必须依托于学校、家庭、社会三方面力量，只有形成教育合力，才能为孩子健康发展提供良好的成长环境。

实践证明，在青少年心理发展过程中，家庭教育的影响更持久、更深远。同时，青少年非常渴望和家长进行平等的沟通，也热切希望自己的种种言行能得到家长的理解和帮助，更希望心理危机时有来自家庭的亲情安慰。

所以，为了使学校的心理健康教育工作更具时效性，还应该采取多种措施提高学生家长的综合素质，引领其不断掌握心理健康的相关知识，让家长懂得实施家庭心理健康教育的技巧，掌握科学的教育方式。可以尝试开办家长学校，成立相应的工作机构，制订工作计划，确定任课教师，出台相关制度，力求各项活动有部署、有检查、有落实，促进广大家长育人水平的提高。有条件的学校可以尝试组织开展以下九大活动。

一是请专家到校给家长集中授课。邀请中学生心理健康教育专家到学校，集中为学生家长传授心理健康教育知识。

二是把学生家长会开成培训会。这不仅是一项工作创新，更是一种理念的转变，以此引领家长转变观念，科学解决学生的心理问题。

三是面向社会各界征聘客座讲师。利用丰富的社会资源，把全新的家庭心理健康教育理念植入学生家长的心中，引领家长素质的提高。

四是家长进课堂为学生上德育课。学生家长到校开设讲座，搭建了让家长展示风采的舞台,促进了家长育人水平的提升。

五是家长参与修订学生管理制度。家长在充分的参与中,不仅可以提高理论素养,还可以感悟教育真谛,对引领孩子成长意义重大。

六是邀请家长到学校听课和评课。让家长走进课堂与孩子和教师"零距离"接触,既可提高课堂教学质量,促进教师的专业成长,还可拉近家长与孩子的心灵距离,使家庭心理健康教育变得更加和谐。

七是邀请家长参与学生德育活动。让家长亲身感受孩子的成长过程,在亲子之间架起一座沟通的桥梁,使学生在情感共鸣中获得成长。

八是请家长参与评价各任课教师。这就要求家长必须不断地学习,了解教育教学规律,掌握孩子成长规律,才能给教师正确的评价。

九是定期举办家庭教育主题论坛。论坛上,或由心理教师结合学生在校期间普遍存在的问题,以授课的方式向家长传授家庭教育方法,或者邀请部分家长以报告的形式和参与的家长进行经验交流,引导家长掌握科学的家庭教育方法。

通过各种活动与宣传,不仅可以让家长们认识到学校心理健康教育工作的重要性,而且可以极大地提高家长的心育水平,打破家长那种认为只要分数的旧框框,让家长摆脱"学习好就是发展得好"的旧观念束缚,有效建立现代的、科学的人才观,从而开创家校合作的崭新局面。

附:家庭教育主题论坛家长发言实录

家长甲:博客架起亲子连心桥,日记成就女儿好心态

尊敬的各位领导,各位老师,各位家长:

大家好!

我是衡中高三年级 387 班张慕晨的家长,非常感谢衡中对张慕晨的培养,非常感谢衡中老师对张慕晨的辛勤培育,也非常感谢衡中给我这次与大家交流

的机会！今天我要说的是：博客架起亲子连心桥，日记成就女儿好心态。人的一生会经历困惑、挫折与成功，只有通过各个时期的磨炼，才能成就良好的心态，才能比较容易取得成功。今天，我把我的一些做法讲给大家，以期抛砖引玉。

一、遭遇挫折时激励，帮助孩子培养良好的心态

挫折是对一个人勇气和毅力的最大考验。高中生处在青春期，对美好事物富于幻想，对挫折的准备不足：小遇挫折，就会影响自信心；处理不当，甚至会一蹶不振。

2008年，慕晨以优异成绩升入衡中。开学后的第6天，我们接到了孩子的第一个电话，她向我们哭诉。原来，一直是老师心目中好学生的孩子，来衡中不到一周的时间，受到批评的次数和严厉程度就远远超过了她前16年的总和。我们一边听着孩子的哭诉一边想，这对从未受过严厉批评的孩子来说，可是一道不好迈过的坎儿。可喜的是，孩子没有当时就打电话，说明孩子非常坚强，在努力调整自己，我们必须帮助孩子尽快适应。孩子哭诉完了，我们激励她说："每个老师都是爱学生的，班主任对你如此严厉，那是她认为你是响鼓，更需要重槌敲。"短短的几分钟通话，不可能彻底解决孩子遇到的难题。为了帮助孩子更快更好地适应衡中的生活，我们做了以下几件事。

第一，我们向老师请教。我们及时给老班打电话，了解详情，向老班请教我们做家长的能够做些什么。打通电话时，已将近晚上11点，此时，很多家长都已进入梦乡，然而，年轻的老班还在忙碌着。要知道，只要孩子们在校，老班每天都是从早晨5点多一直忙碌到晚上11点多。通过电话，我真切感受到了老班的敬业，感受到了老班的快节奏、高效率的风格。

第二，我们换位思考。我爱人也是老师，知道不同的老师有不同的工作风格，老师对孩子严格要求，是对孩子的磨炼。

第三，我们加强学习。现在的高中生水平高，家长必须做足功课才能达到与孩子交流的高度。我们通过阅读、看电视专题节目收集资料、寻找方法。我们订阅了《青年文摘》《读者》《特别关注》等杂志，我们还上网阅读王金战、唐曾磊等名师的博客，我们尽量坚持每天看数字电视的《天下父母》《我的读书生活》《名家讲坛》等电视节目。

第四，我们与孩子"同流合污"。"同流"就是倾听孩子的畅所欲言，认同孩子的感受，与孩子产生共鸣，即使孩子错了、过激了也不会立即纠正，目的是让孩子说真话、讲实感，从中了解孩子的思想动向及存在的问题。

第五，我们与孩子进行书面交流。"同流"之后便是非常重要的交流，口头交流直观、浅显，书面交流对孩子的影响更深远。爱人决定为孩子写日记，我决定为孩子写博客，让孩子明白我们要和她一起走过高中。母爱似水，父爱如山，高中是孩子奠定人生根基的重要时期，仅凭柔情似水的母爱，孩子难以强大，父亲必须在孩子需要承担责任的时期给孩子足够强大的力量。两年多来，伴随着孩子在成长过程中经历的喜怒哀乐，我先后写了近40篇博客，爱人坚持每天写日记。我的博客和爱人的日记里充满了对孩子的欣赏、赞美与鼓励，孩子总是以期待和喜悦的心情来阅读，孩子感受更深切的是亲子间心与心的交流。每次见到孩子，孩子都会分别给我和爱人两个拥抱，一个是刚和孩子见面时，一个是在送孩子返校分手时。

"问渠那得清如许？为有源头活水来。"正是我们积极主动学习，倾听孩子的心声，与孩子交朋友，有的放矢进行引导，我们才写出让孩子爱看、乐看的日记和博客。孩子从我们的日记和博客中汲取精神营养，培养了良好的心态。现在，孩子在衡中的第一位老班依然在关注孩子，每次见到她，都会有摸摸脸、拍拍肩等亲昵表示。老班对孩子的成长帮助特别大。学校每次调整老师，孩子都能非常快地适应，各位老师以不同的风格对孩子进行鼓励，孩子对每位老师都发自内心地充满感激之情。

二、遇到困惑时疏导，帮助孩子拥有良好的心态

每个人在成长的过程中都会遇到困惑，导致情绪低落，做事效率低，对周围的人和事都比较敏感，此时，如果得到的是指责、讽刺，低落情绪就会加剧，陷入恶性循环；如果得到的是理解和疏导，就会以高昂的热情投入新的生活中去，非常快地摆脱困境，进入良性循环。

刚升入高三时的上学期，孩子进入状态慢，感觉没有想象的高三那么紧张，做不到老师要求的那样高效，非常郁闷。我们意识到孩子很着急，就做了四件事。一是倾听。先当听众，引导孩子，把想说的话都说出来。二是提醒。观察一下

周围同学和高二时对比有什么变化。三是鼓励。让孩子自我加压,在紧跟老师节奏的同时,另开炉灶,加大量,把自己调动起来。四是疏导。我们充分利用孩子放假的时间,进一步和孩子沟通,让她把电话里没有说完、说透的话说出来,把学长、学姐们的感觉和经验告诉她。看过孩子参加学星竞选的家长称赞她端庄大气,有希拉里·克林顿和刘延东的风采,我们把这些信息告诉孩子,以此来激励她——天将降大任于你,必先苦你心志,劳你筋骨,饿你体肤,空乏你身,行拂乱你所为。我们沟通的效果非常好,孩子心情舒畅了,学习效率提高了。放暑假了,还在回家的路上,孩子就主动让我们监督她;暑假里,孩子细化每天的计划,并将计划挂在床头,每天醒来就能看到。

这件事启示我们:与其为孩子担心,不如给孩子信心;教育孩子只有目标教育,只满足于考上一所理想的大学,找一份比较理想的工作是远远不够的,还必须对孩子进行志向教育,让孩子树立为国家兴旺发达、为中华民族屹立世界民族之林做出贡献的远大理想。

三、取得成功时降温,帮助孩子保持良好的心态

2010年5月15日下午,衡中"第十届十大杰出学星竞选暨颁奖大会"在莘元馆隆重举行,学校领导亲临现场观看比赛。衡中的学星学生评,衡中的学星家长评。慕晨超水平发挥,赢得了在场的50名学生评委和30名不同班级的学生家长评委90%以上的选票,以最高票当选杰出学星。

衡中为丰富学生们的生活,经常开展丰富多彩的各种活动,其中,每年开展一次学星竞选。学星不是学习明星,而是学生明星。为了展示自己的才华,检验自己的能力,也为班集体争得荣誉,孩子积极参加竞选,一路过关,冲进决赛。为了充分展示学星的精神风貌,孩子三易其稿,睡觉都一手拿纸一手拿笔,一有创作灵感就赶紧记下来,一是生怕灵感消失得无影无踪,二是把参加竞选对学习的影响降到最低。决赛的互动环节,在多次预演中孩子兴奋不起来,无人看好,孩子累了、烦了、灰心了,打电话向妈妈哭诉,妈妈鼓励她:机遇只垂青那些做好准备的人,机遇经常会扮成困难的样子;当你很努力而不进步时,这就是瓶颈期,人有瓶颈是好事,当痛苦出现的时候就是突破的时候。孩子认识到了,而且坚持下来了。历经艰苦的比赛终获成功,孩子的兴奋无以言表。

成功可以给人带来喜悦和快乐，增强人的自信心和自豪感。同时，成功也会让一个人骄傲自满，使人心浮气躁。反映到孩子身上，就需要家长适时引导，避免孩子走弯路。为了既让孩子把参赛时的激情用到学习上，又让孩子保持冷静找到自己的不足，我们没有欣喜若狂、忘乎所以，没有去饭店吃大餐，也没有给孩子买贵重礼物，我们不是从物质上来满足孩子，而是给孩子精神上的营养。为此，我们一是积极参与。把比赛的全过程录制下来，为孩子的成长留下宝贵的资料。二是淡化处理。我们提醒孩子重在参与，锻炼自己，通过参与取人之长，为我所用。决赛前我们和孩子一起吃午饭时，对半小时后的比赛只字未提；结果出来后，我们退到观众席的最后面，让孩子第一时间和班主任、同学们分享胜利的喜悦，直到观众退场后，孩子才找到我们合影留念。三是适度赞美。为孩子取得优异成绩感到由衷高兴，称赞孩子充分展示了自己的精神风貌，把孩子参赛时的照片和竞选标语牌带回家，留作永久纪念。四是适当降温。现代社会，一个人获得成功必须依靠团队的力量。然而，一个人在关键时刻要想得到团队的支持与帮助，平时一定要热心他人、集体的事情。为了帮助孩子兴奋之余认识到团队的重要性，我写了博客《学星赛后话团队》："上台领奖的是你，你的背后有坚强的后盾，有班主任的倾力支持，有才华横溢、助人为乐的同学的无私帮助。衡中藏龙卧虎，来衡中求学的孩子个个是千里挑一的人中龙凤，人人是一朵灿烂的红花，哪个不想出人头地，哪个不想力争上游？然而，难能可贵的是同学们在自己没有登台机会时，甘愿充当绿叶点衬你这朵红花。有的同学给你提供金点子，有的同学给你细致指导，有的同学积极主动给你修改演讲稿，有的同学虽不同班却积极助演体现友好，同学们的无私帮助再次验证了'团结就是力量'这一真理。"通过我们的努力，帮助孩子在兴奋之余保持了冷静，孩子主动提议给同学们买点小礼物以示感谢；同时也帮助她克服了参加异常紧张的学星赛后的身心疲劳，使其情绪饱满地投入学习中去。

慕晨平时听课紧跟老师的节奏，课堂效率高，学习感觉好，继勇夺十佳杰出学星头名后，迎来了在衡中的第二次小高峰，取得了年级第一名。至今，孩子依然保持着非常好的竞技状态，连续多次取得年级前几名的优异成绩。

日前，我们和孩子交心后，一方面为孩子高兴，另一方面鼓励孩子，并在家校联系卡上写下:"拼搏在高三,决胜于高考;心态加细节,2011成英豪。"孩子看后,备受鼓舞。

我们坚持让感激之心伴我们全家一起成长,用乞丐扑到面包上的激情来感激所有对我们有所帮助的人,帮助孩子培养、拥有、保持了良好的心态,她因而总是以欣赏的眼光看待每一位同学,以诚心帮助同学。投之以桃,报之以李,孩子在学习上、生活上都得到了同学们的无私帮助,促使她学习成绩一直名列年级前茅。由此,我体会到,家长应该更多地给孩子启发性的爱、以身作则的爱,家长积极参与,无声传递了对孩子充满信心的信息,让孩子倍加自信,坚信"我在我必争,我争我必胜"。

"纸上得来终觉浅,绝知此事要躬行。"让我们一起在孩子面前不做没有榜样的事,愿我们的孩子凡事都能与我们沟通和共享。

387班张慕晨家长张文考

家长乙:青春是用来吃苦的

尊敬的各位老师、家长朋友们:

下午好。

我叫胡子宏,是472班胡小鹄的家长。

先告诉大家两个数字,一个是"4",我们的孩子来到衡水中学这个美丽而神奇的校园,正好是444天。另一个是"6",距离2014年高考,正好还有600天。

去年8月18日的上午,我们把孩子送到了衡水中学。444天过去了,收获了百味杂陈的幸福。孩子的个头长高了,我们欣喜;孩子比以前懂事了,我们欣慰;孩子成绩提高了,我们舒畅;孩子来电话了,我们惬意。当然,我们也收获了焦急、无奈、牵挂。444天,一些吃不得苦,追求所谓快乐成长的孩子,坚定地适应了衡水中学的生活。我们的孩子,不论被哪所大学录取,收获的必定是一笔财富。我相信,N年以后,孩子们想起母校,将会感激给了他一生的改变；我相信，N年以后，无论世道如何变幻，我们的孩子经历了衡水中学的考验，将呈现出拼搏的勇气和负重前行的韧性。长江后浪推前浪，我们的孩子是一块坚定的磐石，绝不会被拍到沙滩上。

此刻，站在大家面前，我内心有些惶恐。下面，我提纲挈领地与大家交流七个方面的问题。

一、告诉孩子，你的心有多高，你就要多刻苦

我曾经问过孩子，学习累不累啊？孩子说，当然累。我又问，身体没事吧？孩子说没事。我说，那好，继续累下去。我查孩子的消费记录，发现孩子在医务室买药了。我赶紧问，生病啦？孩子说发烧了，38℃。我说，风雨中这点烧算什么，多喝水，按时吃药。孩子回家了，还有点烧，但是玩起电脑来就不受影响。我说，小子潜力不小，能带病玩电脑，那就能带病坚持学习。

孩子们提起衡水中学，内心是自豪的。每个孩子都渴望着考入重点大学。孩子的志向是远大的，但是，实现宏伟的目标，必须有切实的刻苦学习。我们要对孩子说，你的心有多高，你就要多刻苦。孩子的理想之花，是用汗水浇灌的；孩子的未来，是我们用心血培育的。

作为家长，如果你对孩子说，孩子，差不多就行了，别累着。其实这是消磨孩子的斗志。健康是第一位的，只要孩子身体不错，学习就是第一位的。我们叮咛孩子，在保证健康的前提下，刻苦些，再刻苦些。再好的学习方法，都是在刻苦学习中摸索出来的。

我对孩子说，你不是想考名牌大学吗？你不是想考清、北、港吗？那好，衡水中学每年有100个左右的清、北、港，你的刻苦程度决定你必须位居前100名。否则，再美好的理想，都是白日做梦。

我们对孩子说，哪怕是一只小蜗牛，虽然速度慢，但坚持不懈，总会爬到山峰。那一刻，在山顶上看到的风景，跟苍鹰看到的一样美丽。

二、正确估量孩子的压力，提高孩子的抗压能力

我们每一个家长，都知道孩子学习压力大。衡水中学如此浓厚的学习氛围，如此严谨的教学秩序，学生没压力，那就不正常了。但是，我们要分析好，孩子的学习压力是真大还是假大。孩子说压力大，就真的大吗？为什么孩子的老

师却告诉我们,某某看起来学习上没什么压力?

我们往往想象着孩子的学习多么紧张,实际上,同样在课堂上学习一节课,都坐在座位上,有的孩子可能漫不经心,有的孩子则专心致志。真正地投入学习的,其实还是少数学生。作为家长,如果发现孩子在学业上有松懈,就要敢于给孩子加压。

我儿子也叫嚷过学习压力大。我征求老师的意见,老师说,他貌似没什么压力。我对儿子说,那不是你的学习压力大,是你的精神压力大,你想考好成绩,想考年级前20名,但是又狠不下心拼死拼活地学习。

其实,不少孩子没考好,内心明白自己并没有做到全神贯注地学习。当他内心有自责感的时候,家长如果安慰孩子而不给孩子加压,就等于继续消磨孩子的拼搏精神。

当孩子真的有压力的时候,我们也要给孩子减压。譬如,孩子考了前几名,又想保住名次,这时候,我就会减轻孩子的压力。我说,儿子,你继续刻苦学习,不要计较名次,爸爸降低要求,上次考第几,这次给你降低50名。

我们要告诉孩子,学习是最容易的事儿,它不受外界的干扰,没有不正之风干扰着你。学习阶段的压力是人生过程中最轻的压力。我们做爹妈的,身体开始衰弱了,上有老下有小,在单位里也是骨干,我们的压力才是真正的压力。如果在青春时期,你扛不住学习的压力,那么当你面对更残酷的人生考验时,你更吃不消,你就更容易打败仗。

三、为孩子的成绩制定一个明确的目标

我相信,每个家长都会关注孩子的学习名次。孩子进步了,我们无比欣慰;孩子总是处于下游,我们内心无形中就开始焦虑。有些家长对孩子的名次没什么要求,觉得对孩子提出要求,孩子压力太大。我认为,你对孩子没要求,孩子就没动力,孩子的进步就不会大。

我对孩子的要求是,班级前5名,或者年级前20名。实际上,孩子竭尽全力,也未必能实现这个目标。但是,我知道,孩子心怀这个目标,一直在努力。有时候,错一道数学题,名次就到了五六十,而数学考好了,就会考出出奇的好成绩。我给孩子划定的范围是年级前50名,这是底线,如果出了这

个范围，就要给爸爸写检查。

没几个孩子的名次老是那么稳定，但总会在一定幅度内摇摆。我的建议是，鼓励孩子刻苦学习，每次进步一点点，在名次上，制定一个提高10%的指标。譬如，你的孩子这次考了500名，那好，鼓励孩子下次考450名左右。如果孩子超常发挥了，这时候，就要给孩子一个稍后的名次。譬如，孩子意外地考了年级前几名，我就对孩子说，爸爸对名次不做要求，考个三五十名就OK了。

家长必须认识到，给孩子制定目标，实际上在推动孩子的学习。孩子在奔跑，老师在引路，家长再推孩子一把，孩子的学习才会有成果。如果你对孩子说，没事孩子，考砸了没关系，还有下一次呢。你原谅孩子考砸了，下次孩子考砸了，还会没压力，等到高考考砸了，你就没辙了。

我们做家长的，要密切注意孩子的短板。在高中阶段，孩子一旦有明显的短板，注定影响他的总体成绩。高二阶段，是弥补短板的最佳时期。当然，每个学生的短板不同，有的孩子数学不好，有的孩子英语不好，有的综合科目不好。弥补短板的最佳方法，一是提高警惕，时刻注意在短板上下功夫；二是根据老师的指导，遇到问题多和老师交流。要坚信我们的老师都是最优秀的、最好的老师，我们家长需要做的就是配合。

四、多渠道与孩子沟通，增加感情投入

每个人对幸福的理解不同，但对我们这些家长而言，孩子能够刻苦学习，能够有个好成绩，是我们家庭幸福指数的重要砝码。我们要让孩子感觉到，爸爸妈妈是爱他的，时刻在关心他、牵挂他。我不止一次在电话中对孩子说："小子，表现不错，爸爸很高兴。"或者，"小子，加油，爸爸相信你有能力考好。"或者，"小子，考砸了吧，下次，一定要注意某一科，不能再有低级失误了。"或者，"儿子，感谢你给爸爸带来这么多快乐。爸爸很想你，等你回来，爸爸陪你下馆子吃一顿。"有时候，家长要放下身价，跟孩子做朋友。

有时候，对孩子的要求和嘱咐，仅仅口头上说，孩子的印象不怎么深刻。这时候，我们就要采取一些灵活的办法。我注意到，有些家长在孩子返校后，还给孩子写信，把对孩子的嘱咐落到纸面上，孩子就会格外注意。有一次，孩子考砸了，回家后，我就给孩子写了封信，对他提出一些批评和建议。这种交流显得郑重些，孩子也知道家长的心情，无形中会引起自我的内心反省。

暑假的时候，孩子学习上很松懈。这时候，我给孩子打印了5张座右铭，贴到孩子的卧室墙壁上。比如，"忍受高中三年苦，高考目标六百五""潜心学习20天，坚决考进20名"。诸如此类的要求，孩子明白家长的希望，无形中会有一种学习的动力。也许，有些孩子对我这一套已经不以为然了，但我觉得，有要求总比没要求好。

五、敢于对孩子立规矩，敢于批评孩子

在赏识的同时，必须有惩戒。孩子是我们的心头肉，是我们的感情支柱。但是，对孩子的爱光有赏识是不够的。如果不狠心严格管理，孩子的自我约束能力不强，就会影响孩子的学业。譬如在假期里，很多孩子回家后，沉迷于电脑，玩起来没够，结果作业不能按时完成。此时，我们做家长的，就要狠心，就要训斥孩子。在国庆节放假后，我家孩子连续两天关闭房门玩电脑。到了10月1日，我就大喊大叫了："记住，明天一早，乖乖地把电脑给我交出来，否则，爸爸就真生气了。"还好，第二天，孩子就把笔记本电脑交出来了。

有一回，孩子考得不错，但是紧接着就考砸了，不仅是数学考砸了，语文和外语也考砸了。显然，他得意忘形，学习上松懈了。回家后，我给孩子写了封信，批评他的松懈，然后告诉他，晚饭前，你给爸爸写出一份总结来，检查出自己的得失。果然，孩子在总结中，首先就是肯定了自己在学业上没能全神贯注，还归纳出总体成绩下降的原因。

我们允许孩子玩电脑、玩游戏、QQ聊天，但是孩子一旦疯狂地玩，甚至连老师的作业都抄答案应付，这就必须加以管教了。我们对孩子的错误，纠正的决心狠一点，孩子的学习自觉性就高一点。此时，对孩子的放纵，就是对孩子成长的犯罪。

我对孩子说，我不管你现在多委屈、多苦、多累，等你将来工作之后，才知道此刻的刻苦是值得的；等你将来做了父亲，才知道有我这么严格的父亲是多么幸运。

六、正确处理孩子青春期的性萌动和逆反心理

16岁的孩子，正处于青春期的反叛期，性意识已经懵懂。他们开始喜欢身边的帅哥靓女,已经在网上悄悄地查询两性知识。家长批评他的时候,他的反驳比你还坚决,他比你还振振有词。我们每个家长都很无奈、很无措,乃至很焦急。当然,一些孩子,尤其是女生,也许她表现不出来什么,但是她们的内心已经很丰富。

我也注意到,孩子关起房门,上网聊天,跟女同学聊天,难免聊一些隐秘话题。孩子有自己的秘密,会想一些二十几岁后才会做的事情。我们都害怕孩子因此影响学业。

我曾经与某个非常优秀的女生的家长交流,我说孩子们开始聊两性话题了,怎么办啊?对方也一筹莫展。我们一致认定,孩子聊这些是正常的,不聊就真的成书呆子了,不聊就不是青春期了。这时候,我们最好对孩子提出一些旁敲侧击的建议。譬如,我对孩子说:"儿子,班里美女如云,千万别分心啊。那些漂亮女孩子,人家都喜欢成绩好的男生。"或者,我干脆在电话中说:"不要考虑学习以外的事情,尤其别考虑感情问题。学习好了,人人喜欢你;学习不好,没人喜欢你。"当然,这种话必须要轻松地说,开玩笑似的,让孩子领会到你的意思,有所警觉就是了。

对于孩子的逆反心理,跟你顶嘴无关紧要,我们做家长的忍一忍;如果是原则性问题,绝对不能让步。他顶嘴,你的声音必须比他更高,因为他是心虚的。譬如玩电脑成瘾,那就要制止他。说一遍不行,那就说两遍;说两遍不行,那就拍桌子;拍桌子不行,那就向班主任告状。孩子对家长可能不怎么害怕,但是害怕班主任,那好,就让班主任教训他。总之,我们允许孩子走神,但不能让孩子分心。

七、重视与老师的沟通

了解我们的孩子,除了我们自身的关注外,必须加强跟各科老师尤其是班主任的沟通。尤其是孩子出现短板的时候,必须与任课老师沟通,不要怕麻烦老师。其实,家长主动跟老师沟通,不仅是一种尊重,表示愿意配合老师的承诺、决心,更是对孩子负责的表现。你和老师的每一次沟通,哪怕是一次短信,都是对老师的尊重,老师是理解的。

各位老师,各位家长,今天我向大家倾诉了我这444天的一些做法和想法,其中不乏偏颇之处，希望大家汲取有益的部分，继续关注孩子的成长，为孩子的未来付出心血。让我们一起群策群力，为衡水中学的发展，为我们孩子的美好未来，描绘出最美的画卷。

472 班胡小鹄家长胡子宏

第四章
高中生常见心理问题及应对策略

第一节　入学适应性问题

想家的女孩

【案例】

自述：这是我第一次离开家独自生活，本以为我会在这里开始我的新生活，但是只待了一个星期就想离开。高中校园曾经是我梦寐以求的天堂，可是为什么我现在一分钟都不想待在这里？校园里那么多地方，都不清楚；班里那么多陌生的面孔，宿舍里那么多人住在一起，但没有人关心我……什么事情都要自己做，感觉我的世界都变了，感觉自己就像是一个被爱抛弃的女孩，每天都是孤零零一个人，每当夜深人静的时候，眼泪总会止不住地往下淌。我好想家，好想逃离这个地方。

【心理分析】

从这个案例中我们可以看出，这个高一新生没有独立生活的经验，也没有做好独立生活的心理准备，自理能力比较差，由依赖性的家庭生活突然转变成独立性的集体生活难以适应，从而产生退缩和逃避的心理。

在寄宿制高中，大部分同学都是第一次离开家独自生活，想家是新生最常见的适应性问题。饮食作息不习惯，生活上没人照顾，情感孤独，学业困惑……诸多因素都是想家的诱因。特别是家庭条件较好的学生，想家的反应更强烈。

家是我们情感的重要寄托，当远离亲人时，每个人都会产生想家的情绪。独自一人来到一个完全陌生的环境，想家的情绪更加强烈。想家是正常的，但如果因想家的情绪太强烈而影响了正常的学习和生活，这个时候就需要调节了。

【心旅导航】

一、提前准备，积极适应新学校节奏

为了尽早了解新的学习环境，可以提前对将要就读的高中有一些了解，比如可以通过登录学校的网站了解学校的校园环境、作息制度、一些大型活动等，这样可以让自己提前进入高中生角色，特别是提前了解学校的一些作息时间安排，可以在家按照这样的节奏提前适应。很多高中开学首先就要进行军训，对于一些身体素质比较弱或者自理能力比较差的学生，可以提前在家锻炼锻炼身体，提前学习整理个人内务，这样进入高中后能够很快跟上学校的节奏，就会避免由此带来的种种烦恼。

在开学的一个星期之内，尽快熟悉学校的各种设施，比如教学楼在哪里、食堂在哪里、医务室在哪里、生活用品从哪里购买、银行在什么地方，这样有利于及早对学校产生熟悉亲切的感觉，及早安定下来。

二、接受变化，树立高中生的意识

很多的不适应往往来源于只愿停留在过去，而不愿面对现在和将来，所以面对变化，要从心理上去接受。其实，适应就是一种接受，接受过去的一去不返、接受现实的不断变迁、接受未来的难以预料。同时，适应也意味着忘记，特别是忘记过去的辉煌，也忘记过去的不幸，还要忘记对未来的担忧，把所有的心思与行动放在当下的每分每秒。

高一新生要从思想上树立高中生的意识，必须时刻提醒自己："我"是一名高中生，并以此不断进行自我调整。我们每个人都有主观能动性，只要树立了高中生的意识，就会积极主动地让自己进入高中生的角色，当遇到问题和困难的时候，就会积极想办法解决，而不是逃避。

三、主动交往，寻求帮助

来到新的学校、新的班级，看到的不再是自己熟悉的校园宿舍，周围的人也不再是朝夕相伴的同伴，而是一张张陌生的面孔，人生地不熟，遇到困难时，会产生紧张、不安的心理。往往有的同学会将这种焦虑不安的情绪压抑起来，自我封闭，这种情绪长时间得不到化解，就容易感觉到孤立无援。其实，高一新生要主动去和新同学交往，积极地去展示自己，不要封闭自己，可以与学哥学姐们多交流，听听他们的成长经历和建议，学学他们的经验，让自己少走弯路，也可以与父母、老师们进行交流，及时宣泄不适应带来的消极情绪。同时，积极寻求其他人员的帮助，比如与学校的心理老师进行交流，这也是倾诉烦恼、寻求帮助的一种途径。

四、要有自信，保持乐观的态度

面对新的机遇和挑战，不要盲目乐观，更不能妄自菲薄。相信人定胜天，相信自己能够战胜眼前的困境。积极的自我暗示是一种很好的树立自信的方法。积极的暗示会对人的情绪和生理状态产生良好的影响，激发人的内在潜能。特别是一定要利用好积极的语言暗示，要说积极向上的话。只要持续使用非常积极的话语，就能积累起相关的重要信息，于是在不经意间就已经行动起来，并且逐渐把说过的话变成现实。

"好的""一定会有办法的""没问题"，每天都能说出这种积极话语的人，他们的每一天都会过得非常顺利，即使遇到了困难，他们也能够渡过难关。相反，每天叫嚷着"太糟了""太让人气愤了""没办法了"的人，遇到的挫折也特别多，运气也显得特别糟糕。所以，积极的人像太阳，照到哪里哪里亮；消极的人像月亮，初一、十五不一样。面对新挑战，要积极乐观，要有自信。

总之，高一新生面对想家问题、环境适应问题，需要学会独立、主动地适应外界环境，学会积极、乐观地优化内在心理环境，对于"家"，要做到"恋而不依"。

我的路在哪里

【案例】

自述：以前的初中生活很快乐，自己的学习成绩也很优秀，老师和同学们都很喜欢我，但是自从升入高中以来，一切都发生了变化，变得和初中完全不同。我也知道升入高中后要努力学习，在学习上也有一些压力，但我现在反而不知道应该怎样学习了，成绩也不再像初中那样突出了，总觉得老师对我的关注也不如以前了，同学们也都在忙各自的事情，没有人过多地关注我、关心我，这种落差我难以接受。

【心理分析】

伴随着初中生活的结束，高一新生又站在了高中新生活的新起点，面对新的高中生活，面对新的变化，高一新生入学后比较突出的问题就是适应性问题。随着环境的变化，大部分新生会产生不同程度的不适应感，这种不适应心理的产生往往是客观环境和学生自身心理相互作用的结果。

首先，从客观环境因素看，新生入校后，面对的是新环境、新老师、新同学、新知识，全新的一切需要他们去认识、去熟悉、去适应，因而在心理上总有一种紧张感和好奇感，加上由初中生成为高中生这个现实角色的转变，要适应高中生活必定有一个过渡阶段。另外，由于高中教育教学方法的不同，班级管理方式的不同，特别是每节课的知识容量增加，知识难度加大，也是导致新生不适应的重要因素。

其次，从学生自身的主观因素看，造成不适应心理的一个重要原因是学生的个体需要没有得到及时满足。学生在初中与过去的老师、同学、集体有着很深的感情，进入新环境后，老师是陌生的，同学是陌生的，即便在过去深受老师、同学的欢迎和器重，但是到了新的班级，由于大家还不了解你，在无法满足你对信任、荣誉等需要时，你的心理上就会产生失落感。而有些基础较差的同学，或者是一开始没能很快适应高中学习的同学，则会对高中的生活产生畏惧感、焦虑感。

【心旅导航】
一、防止"心理止步"

大多数同学初中的奋斗目标就是考上重点高中，终于如愿以偿了，有些同学就认为该轻松轻松了，思想上容易懈怠，难免会产生一种"船到码头车到站"的心理，从而导致学习成绩下降。学习如逆水行舟，不进则退。考上高中不是最终目标，高中只是实现人生目标的一个平台，到了高中只能说接近了人生目标，走了一大步，而要最终实现这一目标，还需要在这个平台上继续努力、继续拼搏。所以，学生要尽快调整心态，避免出现"心理止步"，要在求学路上开创自己的一片新天地。

二、学会自主学习，寻找适合的学习方法

较之初中阶段，高中阶段学习难度、强度、容量加大，学习负担及压力明显加重，初中时的学习方式以模仿和记忆为主，而高中则是以理解和应用为主，

因此，进入高中后要培养更强的分析、概括、综合、实践的能力，将基本概念、原理消化吸收，变成自己的东西。要逐步培养自己主动获取知识、巩固知识的能力，制订学习计划，养成自主学习的好习惯。此外，升入高中后，同学们要多选择合适的机会、渠道和任课老师进行沟通、交流，从老师那里获得有效的学习方法，从而让自己更快地适应高中的学习。

三、正确看待考试落差

进入高中之后，大考小考接连不断，自己在班级、在年级中所占的位置与初中时相比肯定会有所不符，面对这种落差应该如何看待？有些学生感觉自己已经百分之百努力了，应该可以达到预期目标了，然而等考试成绩出来后，发现没有达到预期目标就无法接受现实，开始怀疑自己的能力，觉得"我不行了"，进而会表现出一种完全挫败的情绪，丧失信心。这些同学把考试成绩的不理想定义为失败，其实，从真正意义上讲，挫败不等于失败，失败是极其消极的结果，而挫败的结果只是没有预期好。因此，我们不要轻易地给自己贴上"失败"的标签。在每次考试之后，我们都要认真分析，找出出现考试落差的原因：虽然每天都忙得不可开交，但是不是没有合理分配好时间，学习、生活是否缺乏计划性，等等。此外，我们应该允许自己有暂时的倒退，只有从差距中才能看到自己的不足。这次考试退步了，说明这段时间以来自己的知识掌握得不牢固、理解得不够透彻，但我们可以"延迟满足"，从考试的落差中发现自己学习中的不足，在"延迟"的过程中不断完善自己、丰富自己，并且要充满自信，将差距转化为下一步学习的动力，争取在下次考试中达到自己的预期目标。如果我们的预期目标迟迟未能实现，那也不必抱怨、懊恼，因为真正的对手不是别人，而是我们自己，只要战胜了自我、超越了自我，就是胜利。

谁动了我的时间

【案例】

小军是一名高一新生，升入高中后，有诸多不适应，特别是在学习上。随着学习科目的突然增多，课容量的突然加大，小军感到高中生活实在是太紧张了，自己可以自由支配的时间太少了。学科自习作业量大，一个学科自习根本完不成，好像时间都被各科老师瓜分了，根本没有自己总结的时间。每次小测成绩总是那么不尽如人意，感觉现在的样子很狼狈，再想想以前初中那个意气风发的自己，不免有些伤感。

【心理分析】

大多数高一新生在进入高中的第一个月，学习上都会有明显的不适应，这些都是正常的现象。进入高中，由于教学内容的改变，难度的加深，竞争范围的扩大，无论是课堂知识，还是测验或考试的成绩，甚至是平时作业的正确率，都不再像初中那样一听就懂、逢考必定百分那么简单。这时好多同学总是会想到初中时自己的状态，开始怀疑自己的能力，认为自己不适应高中生活，无法完成高中学业，退缩、厌学情绪油然而生。无论是知识内容的深度和难度还是训练强度都对高中生提出了更高的要求，这就要求学生比初中时更要有自主学习能力、独立思考能力、举一反三能力和时间管理能力。高中的教学模式最主要的目的就是锻炼学生的这些能力，学生可能一时难以适应，但是只要同学们有一种积极融入的心态，逐渐适应这种训练模式并不是一件难事。事实证明，每个从高中走出去的成功学子都是时间管理的达人。

【心旅导航】

一、面对现实，真正理解学校各项措施的目的和训练意义，不要盲目排斥

自习作业主要目的是检测学生对当堂所讲基础知识的掌握情况、熟练程度，一节自习课的时间需要学生尽最大努力将测试题目做对，不允许在自习时间有一丝懈怠，不能边玩边做，更不能一边翻书一边做题，只有这样严格地训练，才能更准确快速地掌握知识。因为每个学生的能力不同，为了保证各个层面的学生都能达到足时足量的训练，每次作业在数量的设置上都进行了合理安排，每次练习都要尽最大努力，这就是对自己最大的锻炼。有些题目并不是所有同学都能做完，但只要保质保量地去完成基础训练题，就已经达到了训练目的，在单位时间内把基础题做对就是对自己最好的检测。

由于高中所学知识无论从数量还是从科目种类上都比以前多了很多，如果只靠每天有限的自习课来完成所有的任务，肯定是不行的，所以，零散的时间就显示出了它的巨大潜力。利用好零散时间、小块时间解决一些难度较低的问题，你就会有更多的时间挑战一些高强度的训练。

有这样一个小故事：在一次时间管理的课上，教授在桌上放了一个装水的罐子，又从桌子下面拿出一个拳头大小的鹅卵石放进罐子，然后问学生："这罐子是不是满的？""是。"所有的学生都异口同声地回答。"真的吗？"教授笑着问，从桌子下面拿出一袋碎石子，从罐口倒下去，摇一摇，再加一些，又问："这罐子现在是不是满的？"这回学生不敢答得太快。最后，有个学生怯生生地细声答道："也许没有满。""很好！"教授说完，又从桌下拿出一袋沙子，然后把沙子慢慢倒进罐子，倒完后再问："现在你们告诉我，这个罐子是满了还是没满？""没有满。"全班同学这下学乖了，大家都很有信心地回答。"好极了！"教授再一次称赞学生，从桌子下面拿出一大瓶水，倒进看起来已经被鹅卵石、小碎石子、沙子填满的罐子里。

从上面这个例子不难看出，有限的时间里蕴藏了太多隐性的能量，不要盲目地去排斥和抱怨，只要开动脑筋，就会成为时间管理的高手。

二、要有自信，不要轻言失败

面对新的环境、新的竞争对手、新的机遇和挑战，不要盲目乐观，更不能妄自菲薄，不要把考试成绩的不理想定义为失败，挫败不等于失败，我们不要轻易地给自己贴上"失败"的标签。在每次考试之后，我们都要认真分析，找出出现考试落差的原因。在"延迟满足"的过程中不断完善自己、丰富自己，并且要充满自信，将差距转化为下一步学习的动力，争取在下次考试中达到自己的预期目标。如果我们的预期目标迟迟未能实现，那也不必抱怨、懊恼，因为真正的对手不是别人，而是我们自己。积极主动地求助周围的老师和同学，相信他们一定会给你意想不到的惊喜和收获。

三、对老师的一些小建议

对于学生中出现的不适应，一定要做到耐心指导，对不适应的学生多一些关注，帮助他们顺利度过适应期。教师可根据学生的不同特点、学科特点，做好学生学习方法的指导，以激发新生的求知欲望和养成良好的学习习惯。还可举行学习方法交流会，让高二、高三成绩优异者或刚考上大学的校友用生动的事实和切身的体会，介绍他们成功的学习经验和学习方法。

为了帮助新生迅速适应新知识的传授，教师在新授课前可向学生介绍学科特点和学习的知识内容框架及学习要求，根据不同班级学生的特点来调整自己的教学方式，不要一成不变，要找到老师与学生相互适应的最佳结合点，共同提高教与学的效果。

【心理小链接】

如何进行时间管理？

我们所做的事情按照重要性和紧迫性可以分为四类：重要且紧迫的，重要不紧迫的，不重要但紧迫的，不重要也不紧迫的。

根据对人所做事情的划分，人也可以分为四种：经常做重要紧迫事情的人——拖拉的人；经常做重要不紧迫事情的人，懂得轻重缓急——会管理时间的人；经常做紧迫不重要事情的人——唯唯诺诺的人；经常做不紧迫不重要事情的人——懒散的人。唯唯诺诺的人会感觉生活中总有很多别人的事情需要忙；懒散的人会把生活中的很多时间投入各种各样的娱乐活动当中去，如看电影、上网、聊天等，缺乏责任感。

研究发现：一个高效率的组织（人）会把65%~80%的时间用来做重要不紧迫的事情，20%~25%的时间用来做重要紧迫的事情，15%的时间用来做紧迫不重要的事情，还有1%的时间浪费在不重要、不紧迫的事情上。

时间管理的原则：

1.把你的大多数时间用来做重要但不紧迫的事情，否则，它们会成为重要紧迫的事情。

2.尽量避免让重要紧迫的事情变得越来越多。

3.尽量回避紧迫但不重要的事情。

4.尽量不去做不重要、不紧迫的事情。

第二节　学习困惑类问题

我为什么不再优秀

【案例】

李新以优异的成绩升入高中,但高中生活实在太紧张了,每天都在努力地学习,甚至比初三时还要努力,成绩却很一般。这么努力学习,成绩排名还是很落后,让她不知道应该怎样学习了。以前的风采已不复存在,前面的路越走越迷茫,她不知道应该怎样解决目前的状况。

【心理分析】

能够挤过中考这座独木桥进入高中,尤其是重点高中的学生,在各自的初中十有八九都是学习的尖子,是班级乃至学校的佼佼者,在老师、家长和同学心目中都是非常优秀的。然而,来到高中这"卧虎藏龙""高手云集"之地,会发现有很多比自己更优秀的人,内心难免会产生一种失落感。

【心旅导航】

一、重新定位,树立新的学习目标

在初中学习拔尖、担任干部的同学,经常受到老师的表扬、同学的赞许,很容易在心理上产生某种优越感,总认为自己比别人强一些,甚至会认为进入高中以后仍会和在初中一样成为班上的干部和最优秀的学生。但是,别的同学在中学时也有类似的情况,他们在各方面也不比你弱。进入高中以后,由于学习基础、学习方法、学习动机、适应能力以及个性特征等方面的差异,在高中班集体中的学习名次会有一个新的排列和组合,来到高中,就意味着来到一个新的平台,对自己就要开始新的认识、定位和评价。

进入高中,大家站在同一起跑线上,有三年的时间足以不断提高成绩。因此,要明白强中自有强中手的道理,要客观分析自己的长处和短处,给予自己正确评价。在一个新的竞争群体中，要在成绩不断的起伏变化中选择一个新的定位标尺。学会科学的自我定位，在强手林立的环境不能盲目自卑，认识到现在相对的落后不是绝对的落后，而且只有在这种有差距的环境中自信且顽强，才能更有动力。

二、学会多维评价，正确对待考试落差

（一）进行多维学习评价

学习评价的三种纬度即相对评价、绝对评价、个体内差异评价。相对评价可以笼统地理解为将别人作为参照，进行相互间的比较，形成对自我的评价。绝对评价可以笼统地理解为以某种标准为参照，把自己的学业成绩与这种标准相比较，形成自我评价。个体内差异评价可以理解为把个体在不同的时期或阶段的状况进行比较，从而形成对自我当前的评价。根据不同的学生、不同的情况、不同的评价目的，三种评价方式灵活运用，从不同的角度评价自我，看到自己的进步和优势，建立起自信心。

（二）树立科学的成功观念

进入高中之后，考试明显增多，有些学生感觉自己已经百分之百努力了，应该可以达到预期目标，然而等考试成绩出来后，一旦没有达到预期目标就无法接受现实，开始怀疑自己的能力，认为自己不行了，进而会表现出一种完全挫败的情绪，丧失信心。这些同学把考试成绩的不理想定义为失败，其实，从真正意义上讲，挫败不等于失败，失败是极其消极的结果，而挫败的结果只是没有预期的好。因此，我们不要轻易地给自己贴上"失败"的标签。成功对于每个人都是不同的概念，有的人考上清华、北大是成功，有的人考上重点本科是成功，而有的人考上普通本科是成功，只要保持自己的最佳学习状态、发挥出自己的最佳水平、学出自己最理想的成绩就是最大的成功。根据这种成功的定位和观念，合理地做出自我定位，选择适合自己的目标、动机、水平。要记住，过强或过弱的动机水平都容易使自己产生失败体验而导致心理压力。

（三）明白考试最根本的意义

很多同学总是纠结于每次考试名次的进步退步，而忽略了考试的根本意义，那就是通过考试发现问题、查漏补缺，完善自己的知识体系。在每次考试之后，

我们都要认真分析，找出出现考试落差的原因：虽然每天都忙得不可开交，但是不是没有合理分配好时间，学习、生活是否缺乏计划性，等等。此外，我们应该允许自己有暂时的倒退，只有从差距中才能看到自己的不足。这次考试退步了，说明这段时间以来自己的知识掌握得不牢固、理解得不够透彻。从考试的落差中发现自己学习中的不足，在不断的学习过程中不断完善自己、丰富自己，并且要充满自信，将差距转化为下一步学习的动力，争取在下次考试中达到自己的预期目标。

面对新环境，客观地分析心理不适应产生的原因。不能把责任都推卸到别人身上或客观环境中去。在新的学习环境下建立起一个现实的期望，要符合自己的实际能力和已有水平，要看到他人的优点和自己的不足，扬长避短，要积极发掘自身的潜力，看到自己的进步，从而形成积极的自我意识，做到自尊、自爱，对自己始终充满自信。

真学习还是假勤奋

【案例】

"老师，我每天除了吃饭、睡觉之外，几乎所有的时间都在教室里学习，为何我的成绩老是上不去？""老师，接连好几次的考试我都一直往后退，看着以前学习成绩不如我的同学一个个都考得那么好，我现在对学习都快失去信心了。"每次考试之后，前来咨询的学生几乎都提到了这样的话题。校园里经常存在这样一类学生，往往来得很早走得很晚，每天也忙忙碌碌的，但是成绩却不见提高。小张就是其中一员，他说自己很辛苦，每天很早到教室很晚才回宿舍，可是，花时间很多，成绩不进却退，小张很迷茫也很委屈。

【心理分析】

学习真的是一个良心活，懂不懂、会不会骗得了别人，骗不了自己。太多的同学忽略了这个问题，他们从来不考虑自己是不是真的懂了、会了，老师一问"懂了吗"就会随波逐流，异口同声地喊"懂了"。自认为"懂了"，学习过程即告停止。举个例子，按正常思维来看，我立体几何不会做，那么我就应该花更多的时间去研究立体几何问题，直到自己搞明白为止。可假勤奋的同学呢，他们会故意忽略自己的弱点，假装自己什么都懂，然后跟着成绩好的同学去刷难题。花了大把的工夫，到头来，立体几何没弄明白，难题也还是不会做，"人财两空"。他们的勤奋是表演出来的，给别人看，也给自己看，也许是为了老师和家长那句"你真努力"的表扬，也许是为了让自己回顾一天的时候不觉得后悔，也许是成绩不好的时候安慰自己"不是我不努力，只是我脑子太笨"。我们经常被一些低质量的勤奋蒙蔽了双眼，觉得这就是在努力，而很多时候，低质量的勤奋掩盖下的才是真懒惰。"懒惰"分两种类型，一是肢体的懒惰，二是思维的懒惰。假勤奋就是思维的懒惰。

【心旅导航】

一、通过倾听、共情帮助其宣泄情绪

在情绪得以宣泄后，我们引导小张对自己的学习过程进行反思。小张在对自己的学习过程进行反思后发现，在整个学习过程中，他最关注的因素是时间而不是学习本身。也就是说，在小张的头脑中，保证学习时间是第一要务。在本质上，小张的这种行为也是焦虑所导致的。小张降低焦虑的方法就是让自己感觉"忙碌"，让自己从焦虑中逃离，通过忙碌让自己获得一定的充实感和成就感，让内心获得短暂的平静和满足，实际上他在利用假勤奋代替真学习，这样他就可以将整个学习问题简化，即时间＝学习。他的信念是足够的学习时间＝学习成绩进步＝成绩优异，当发现学习上的问题不好解决时，就可以告诉自己"我很努力，我这么努力还不会，学不会就不是我的问题"，这可以使他免于被惩罚，包括良心的和外界的。这样虽然身体疲劳，但是大脑却是轻松的，甚至还可以获得外界的赞赏，这是小张行为背后的逻辑。任何一种不良行为，都会给当事人带来"好处"，满足其潜在的心理需求。

二、引导小张分辨"真学习"和"假勤奋"

（一）什么是真正的勤奋

1.在正确的时间做正确的事。什么时间该干什么就干什么，该学习就学习，该放松就放松，劳逸结合更能出效果。

2. 善于思考和总结，发现问题并解决。自己去思考、去发现问题，这样才能培养出自主学习的能力，才能做到有效率地学习，而不是披着勤奋的外衣做假象、磨洋工，像老话说的"出工不出力，出力不出活"。

3. 勤奋之前请先思考：

我的弱科和强科分别是……

我的弱科的薄弱之处出现在……

我的学习习惯哪些好、哪些不好……

我目前的学习中存在哪些问题……

我的问题哪些急需解决，哪些可以自己解决，哪些必须求助于老师……

4. 不要拿时间来衡量勤奋。长时间学习不等于深度思考，也不等于学进去了。

（二）什么是有效的努力

1. 合理分配精力。何谓"合理分配精力"？就是选择在自己精力最旺盛的时候做最重要的事，实现时间和精力的最佳匹配。大多数人都是在早上刚起床时状态最好。但这也不是一概而论的，有人可能在晚饭后，或晚上九十点以后才会迎来最佳学习状态。所以，没有整齐划一的时间表，要充分了解自己的最佳状态在什么时候，尊重身体规律才可以做到事半功倍。

2. 明确先做哪件事。每天都有很多学习任务，有的孩子忙了一天，却什么都没做完也没做好。所以，在每天开始学习前，一定要有一个大体的计划，设定好任务的"优先级"。

复习优先：一天学习后先把老师当天所讲的重点以"视觉化"的形式回忆一遍，有模糊不清的地方，一定抓紧看书，强化记忆。这种做法有助于在学习过程中明确重点、明确方法。

落实优先：不管做了什么样的计划，落实大于一切。先把老师课上讲过的重要知识点落实，去做作业、做练习。

纠错优先：在纠错过程中，首先要分析出错原因，是知识欠缺，还是习惯不好；是方法不得当，还是综合能力欠缺。弄懂之后，该背的背，该养成的养成，该改变的改变。还有，要及时纠正记忆，抵制惯性思维，不在同一个地方摔倒两次。

3. 正确的时间里做正确的事。上课就要以听为主，以理解为主，以记为辅。一般情况下，老师会在课上的 25 分钟时间里讲授新知识，这是最黄金的 25 分钟，如果在这个时间溜号了，那么就失去了获取知识的最佳渠道和时间。所以，学生精力集中的时间与老师讲授精华知识的时间不匹配，听课效率一定不会高。

4. 有正确的方法。方法错了，再多的努力也是无用功。就以学英语为例，凡是听力不好的人，口语一定差，因为你读不准，所以你听不出来磁带在说什么。所以，练听力，必须从练口语开始，通过大声朗读，改善自己的语音面貌。当你的口语熟练了，能做到读得准、读得快；学会连音和吞音时，自然就能听懂。

5. 有超强的执行力。光有学习热情还不够，让热情发挥最大效益的法宝是执行能力。明确了方向和方法就去做吧，有困难也要做，颠覆自我是一个极其痛苦的过程，贵在坚持。学习不可能是一个完全快乐的过程，必定是艰苦的、孤独的。学习能带给你最大的满足感和幸福感——过程越痛苦，成功后的满足感就越大。学习上的强者必然有极高的专注度和持之以恒的精神，高专注度和恒心是未来成功的法宝。

经过咨询，小张逐渐认识到自己其实是害怕面对真正的问题，一直在过度使用"时间"这块挡箭牌。因为当他发现自己还有很多不懂、不会、不熟的知识的时候，他很焦虑。所以我们可以通过引导，帮助他找到可以利用的资源，如老师、同学、父母等，然后帮助他找到自己的学习特点，扬长避短。通过以上这些帮助，小张认识到只要合理地安排学习任务，制订合理的目标和计划，他是有资源、有能力解决这些问题的。

你把心分给了谁

【案例】

高三了，时间越来越紧张，本应该心无杂念地投入每天的学习中，但小晴最近总是听着听着课就会不知不觉地走神，想一些与学习无关的内容，再回过神的时候，老师已经讲完好几道题了。小晴事后很后悔，每次都告诉自己"一定要集中注意力",但越想控制,情况反而越严重。自习课做题的时候,也很容易被周围同学翻作业的声音吸引,总是忍不住看其他同学的做题速度,总觉得看到其他同学做题的进展情况心里才有底,但是又觉得总看别人会影响自己的学习效率,心里很矛盾但又无法控制。

【心理分析】

"分心"是一种不能将自己的心理活动指向和集中于应该从事的活动,而指向其他无关活动的心理现象,在心理学上称为注意力不集中。注意力不集中的因素有很多,有的是外界环境的干扰,有的是对事物本身缺乏兴趣,有的是由于缺乏远大的理想和顽强的意志力,因而在学习上不能全神贯注。学习中的分心现象在许多同学身上都存在,我们大可不必恐慌。上述两种情况,主要是由于刚刚步入高三,学生们对自己的要求变得越来越高,总想在学习中达到"心无杂念"的境界,当发现自己分心或走神时,心理上就会出现一种自责焦虑的情绪,将一些正常的心理现象当成了异常。学习中越是苛求自己要注意力集中,越容易对外界刺激过于敏感,结果真的"分心"了,于是更加苦恼,从而形成恶性循环,难以自拔。

【心旅导航】

高三的学习任务已经很重,再加上老师、家长的高期望,学生的心理又加上一道砝码;一些同学将成绩看得很重,无疑是给自己加压,必然不堪重负。因此,同学们要学会自我减压,保持一颗平常心。相信自己,一分耕耘,一分收获。那么,怎样克服学习中的"分心"呢?

第一,明确学习目标和任务,增强上课的目的性。一是上课前就在心中定下一个目标。这节课的内容我要当堂消化掉。有这样心理上的准备,上课时的精神状态和学习的效果肯定会大不一样。二是带着问题听课。每堂课开始前都要做一个充分的预习,经预习后,就可以带着问题有目的地组织自己的智力活动。比如,有的问题在预习中没搞懂,就应该加倍注意;有的问题书上并没有而是老师补充的,就更要认真听,然后简要记在本子上。这样有目的地听课就不容易"分心"了。

第二,训练听课技巧,学习活动要多样化。一是要做好课前预习,了解老师讲课的重难点；二是要带着问题听讲，也可有意识地寻找问题，发现疑点，激发听课兴趣。单调或机械重复的刺激最容易使人注意力分散或降低注意效率，让人感到疲劳，甚至昏昏欲睡；多样化的活动则能维持注意力的稳定性，使人精神奕奕。因此，在学习中，要善于安排学习活动，使内容丰富多彩。比如，看、读、写、做等活动交替进行，使大脑相应的工作区域得到转换和调节，这样，就容易保持注意力的稳定性和集中性了。

第三，培养与保持兴趣。有的同学很喜欢化学，觉得化学上的那些反应是如此神奇，因此每堂课都能全神贯注，甚至还会觉得化学课的时间特别短，总有一种意犹未尽的感觉。由此可见，注意力的保持依赖于兴趣，有了兴趣就能全神贯注；当对某学科不感兴趣时，就容易"分心"。培养良好的学科兴趣，有助于克服"分心"。

第四，积极暗示，专注现在。自我暗示能调动心理活动积极性，有助于注意力的集中。如学习时自言自语地提醒自己，"不要分心，相信自己""努力听讲，你可以做得更好"；也可以写在小卡片上，然后把它们放在平时容易看见的地方，如笔盒里、书桌前的墙上，或夹在课本里。无论是上课听讲还是写作业，只要一看到它们，就会提醒自己。当学习中我们不希望的某个念头出现来打扰我们时，首先要做的就是觉察到它的到来，但不要过于紧张，以一种"顺其自然"的心态接受，然后坦然地把杂念放下，回到当下的课堂，专注于现在，不要因为"已经过去的分心"而后悔悲伤，那样只会浪费更多的时间。

最后，改变是需要过程的，要改变这种分心状况，需要坚持与努力。只要按照以上几个方面采取正确的方法并且不断实践，分心现象是完全可以克服的。

我麻木了吗

【案例】

自述：我是一个高三的学生。高三下学期的三次月考已经过去了，最近总是很容易就犯困，很容易就走神，精神总是难以集中，而且睡眠质量很差，很容易就会被吓醒，有时候甚至还会有幻听，即使坐着看书也会突然心跳加速（没有受到刺激），经常会没有理由地情绪低落，有时会觉得空虚和寂寞。请问这是因为高三压力大而影响的吗？有什么办法可以很好而且很快地解决？

【心旅导航】

从根本上来说，这些情况是焦虑紧张导致的。高考总是被人认为是人生的转折点，所以所有人都很重视。但是想要取得好的成绩就要把自己现存的问题一一解决，我们可以从以下几个方面入手。

一、调整期望值，适当减压

做任何事情，有适度的压力是好事。适度的压力有助于挖掘个人的潜能，最大限度地发挥自己的水平。压力太小，则动力不足；但压力过大，长期处于高度紧张状态之中，则会产生很多消极的影响。就像一个弹簧，当施压超过弹性限度后，即使撤去外压，弹簧也不会复原，因此要正确认识自己，给自己一个合理的定位。要知道自己周围的同学在学习方面能"如鱼得水"的毕竟只是少数，大多数同学在学习上还是会磕磕碰碰，也常常会产生技不如人之感。因此，要有平和的心态。有了心态方面的准备，再根据自己的实际情况，制定适当的目标。你可以根据平时的检测情况，衡量一下自己目前的情况与高考的差距，如自己在班级或年级所占的位置或自己某些知识块薄弱，从而决定你在考前黄金时间复习的侧重点、方法等，然后制订出达到目标的详细计划，如分几个阶段来实现、怎样实现、应注意哪些问题等。在学习过程中一定不能有一刻迷失目标，绝不能因一时的挫折而心烦、焦虑、急躁产生过大的压力，也不能因为复习内容的增加、难度的加大而放弃自己原先追求的目标，做一个"撞钟的和尚"，而是保持平稳的心态，尽自己的努力就可以了。

二、强化成功体验，增强自信

高三学生复习备考，自信心是非常重要的。要消除苦闷自卑的心理，增强自信心，可以从以下三方面去做：一是找老师或要好的同学，请他们帮助分析一下自己过去和现在的状况，记住他们对自己肯定和鼓励的话，要把它当作自己前进的动力。即使学习基础较差，接连考试成绩都不理想，也不应自卑，而应赶快找原因，改变方法，调整期望值。二是要学会积极的自我暗示，每天复习后，可以回想一天的收获，对自己一点一滴的收获进行自我肯定。考试之前，要多想有把握考好的条件，让好的成功的情景浮现在自己的脑海中，坚信自己平时学得扎实，复习方法正确，一定能考好。通过回想自己过去学习、考试中的成功情景，进行意识强化，并追溯这些成功的前提和原因，以供现在复习所借鉴。积极的暗示会带来意想不到的正强化的结果。三是要善于发现自己微小的进步，如这次考试成绩比上次考试多了几分、某个问题因为仔细审题做对了而多得了几分等，用不断取得的小成绩来激励自己，要学会发现自己的长处，哪怕是细微的进步都是肯定，以增强学习信心。相信经过一段时间的强化，无论是在心理还是在生理方面都会看到变化。坚持下去，经常保持旺盛的斗志，会使自己充满信心，从而不惧怕任何困难，高考必然会取得明显的效果。

三、正确面对平时的考试，不以平时成绩论英雄

平时的考试成绩虽然对考生预测高考有一定的参考价值，但不能以此论英雄，更不能因此断定高考的成败。如果仅仅把目光放在平时的考试成绩上，对即将到来的正式高考就很不利。况且考试分数的高低受多种因素的影响，如命题动机、内容侧重、试题总量和难度、教师的教学及自己的复习程度等。另外，平时考试分数高也不能盲目乐观，因为成功时受到的压力有时并不比失败时小多少。所以，最好是把考试看作仅是一次对知识掌握程度的检验，而非一考定终生。

四、发展良好的个性，营造积极的人际关系

人是社会的人，只有在集体中才能诞生优秀的个体。内向、缺乏自信心、疏远集体、忽视人际关系沟通的学生遇到困难容易情绪低落，产生心理疲劳。所以，在日常的学习生活中，要努力做到"胜不骄败不馁"，懂得"失败是成功之母"，培养坚强的意志和坚韧的毅力，形成开朗、自信、热情并乐于助人的良好个性，积极关心和参加集体活动，建立融洽的师生、同学关系，这会增强自己克服困难的信心与勇气，并以高昂的斗志、旺盛的精力和健康的心理去迎接高考的挑战。

"百日"之忧

【案例】

小伟，高三男生，在参加完高三距离高考百日冲刺誓师大会（简称"百日誓师"）之后，就变得担心、紧张起来，每天眉头紧锁，感慨还有一百天就要高考，而自己的实力与期望中的还有差距，总是担心高考考砸了无颜面对父母，虽对目前的学习感到着急，但是学习已没有了头绪。

【心理分析】

时间的紧迫、学习氛围的紧张、自身实力的差距、不正确的认知致使学生出现了焦虑、担忧的心理困惑，过于担心未发生的事情致使学生减少了对当下学习的把握，因焦虑而忽视了当下。

【心旅导航】

一、改变认知，让忧虑发生的概率变小

有一个小故事，叫"奶牛与黄瓜"。

从前，有一对夫妻，总是为将来发愁，越想越感到烦恼，因此他们常常整夜在床上辗转反侧，翻来覆去睡不着觉，每天都忧心忡忡。

一天，他们又为无法挣更多的钱担忧。丈夫对妻子说："如果我现在有了钱，我就去买几头母牛。"

"然后，我们就可以有好多牛奶。"妻子接过话头说，"我可以用牛奶做黄油、做奶酪，还可以送一些牛奶给我姐姐。"

"送给你姐姐？"丈夫不高兴地说，"你怎么可以把我们家的东西送人！"

"我不过是把多余的牛奶送给她。"妻子解释说。

"多余的牛奶可以拿到市场上去卖呀，"丈夫说，"我不允许你再有这种送人牛奶的念头！为了防止你背着我给你姐姐送牛奶，我要把家里的坛坛罐罐全都砸了！"说着就动手砸了起来。

闻讯赶来的邻居问清原因，操起一把扫帚，对着空气胡乱地挥舞起来。

"你这是干什么呀？"这对夫妻不解地问道。

"我要把你们家的奶牛赶走！"邻居说道，"它们吃了我们家的黄瓜。"

"吃了你们家的黄瓜？"这对夫妻十分气愤，"可是，你们家连种黄瓜的地都没有！"

"我会有一块地的，"邻居说，"有了地之后，我也会种黄瓜的。"说着又继续挥舞起手中的扫帚。

这对夫妻明白了邻居的用意，不由得满脸通红。

有研究者说，我们所忧虑的将来的事情90%都不会发生，所以我们应该立足于现在，多做些有益的实际工作。

二、关注当下，制订计划

美国一位著名的走钢丝高空表演者瓦伦达，多年前在一次重大的比赛中不幸失足从高空坠落而死。他的妻子事后在记者的发布会上说："我知道这一次他肯定要出事，因为上场前，他总是不停地嘱咐自己说一定不能失败，一定不可以！可是以前，每次演出前，他可从来没有这样过。他一心想的只是如何走好钢丝，至于这件事情会带来怎样的结果他不管。"于是，后来人们便把这种不能专心致志地做好某件事而总一味去考虑后果会如何的心态，称为"瓦伦达心态"。

针对高三的学习要制订切实可行的计划，每天完成一项任务就划掉一项，这样便于时间管理和对弱势学科的学习，同时，也会增强学习的成就感，感到每天过得很充实，可以形成良好的备考心态。

三、凡事在第一时间立刻行动起来，不给自己忧虑的时间和机会

一旦我们迅速进入"行动"这个阶段之后，就容不得自己再多想、多斟酌，在同一时间里，一种感觉会把另一种感觉给挤出去。

总结：忧虑最能伤害到人的时候，不是在你有所行动的时候，而是在一天里你把事情都做完有闲心空下来胡思乱想的时候。所以，消除忧虑最简单、最快捷的方法之一，就是要让自己忙着，去做一些有意义的事情，从而忘掉它。

【心理小链接】

一天，一位智者看到死神正向一座城市走去，于是，上前问道："死神先生，你要去哪里啊？"死神回答说："我奉命去前方的那座城市带走100个人的灵

魂。"智者作别死神后,以最快的速度跑到那座城市,提醒遇到的每一个人:"请大家小心,死神即将带走100个人。"没用多久,很多人都知晓了这个消息。

  第二天早上,这位智者又在城外遇到了死神,他不满地问道:"昨天你说只带走100个人,可是为什么有1000个人死掉了?"死神看着智者平静地说:"我从来不超量工作,而且确实也准备按照昨天告诉你的那样,只带走100个人,可是恐惧和焦虑带走了其他那些人。"

第三节　人际交往问题

是谁让我心烦

【案例】

小张，高二年级女生。初到心理咨询室，表示是因为父母关系不合和自己喜爱的宠物丢失而心烦意乱，稍后又试探性地问心理老师对待异性交往的看法，最后才表示是因为和自己心仪的男生分开了而烦恼。

【心理分析】

高中生处于青春期，渴望获得异性的关注和好感无可厚非，但是真正发展到恋情就会影响到学习和生活。有调查研究显示，女生因此而导致的情绪波动较男生大，受到的负面影响更多，并且由于青春期对于自己的认知不够全面，很容易出现失恋后自卑、情绪不稳定的情况。

【心旅导航】

一、首先和学生建立起相互信任的关系

青春期男女生处于一个对异性好奇、渴望接触的时期，男女生正常交往是青少年到了一定年龄时生理、心理需要的自然流露，但同时交往过密又是不可取的行为。但是要对该女生出现这样的问题表示理解，然后运用一些开放式提问来了解学生的具体问题。有早恋问题的学生一旦信任老师后，会把个人的困惑和想法、事情的经过说清楚，以希冀得到老师的解释和帮助。

二、进行认知上的改变和引导

失恋后心情低落，根本原因在于认为自己不够优秀，是自己哪些地方做得不够好所以才使对方离开，从而认为自己不被所有人喜欢，认为自己很差劲，进而出现了自卑。

1.通过寻找对方身上的缺点来放大对方的弱点、减轻对对方的留恋。请该生思考一会儿关于对方的缺点、不足，或者是为人处世为自己所不齿的地方，一一写下来，比如，固执、不求上进、性格不合、不安定……促使该生尽快从留恋中脱离出来。

2.进行自信心的恢复和强化。请该生在纸上写出自己的优点，不少于十条，然后请该生逐一地仔细阐述这些优点。

3.发现爱自己和关心自己的人。请该生在纸上写出爱自己、关心自己的人，不少于十人，然后挑选前面五位分别阐述他们对自己的关心和爱。该生在这一环节谈到父母、爷爷奶奶对自己的爱时情绪激动，谈到朋友们对自己的关心时感慨万千。

4.引导学生爱自己、悦纳自己。引领该生到心理放松室里的镜子前，告诉她，最爱自己的人在镜子里，请她仔细地观察、夸奖、赞美她，告诉她之所以出现自卑、低落的情绪，是因为她不爱自己、不悦纳自己了。请该生重复自己的优点，在镜子面前大声地喊出来。该生喊到最后，痛哭后擦干眼泪，表示再也不会因为一个人的不喜欢而全盘否定自己，要珍惜来之不易的学习机会，尽自己的全力不让未来的自己后悔，不辜负爱自己的父母和关心自己的老师和朋友们。

高二学生对高中生活已适应和熟悉，与周围同学相处时间也比较长，基本的适应问题出现的情况较少，但是此阶段异性交往问题日益显露，需要老师和家长的多方关注。

【心理小链接】

与异性交往时应遵守的原则：

1.交往方式上公开，不要单独约会，鼓励大家多参加集体活动。

2.交往范围要广泛，不要仅仅和某个异性同学交往。

3.交往情感要适度，不要过分痴迷于对方。

高三，我的人际关系如何经营

【案例】

小丽最近两次考试分数不高，性格内向的她想扭转局面争取下次取得好成绩，于是减少了课间休息，也很少主动与其他同学交流，对于一直视为竞争对手的小美更是避而远之。一位平时关系不错的同学想和她一起聊天时也被她生硬地拒绝了。这位同学觉得没有面子，就此与她翻脸，还在同学中说小丽"性格孤僻""傲慢不合群"，结果同学们都不再理她。课余生活形单影只，小丽的情绪一落千丈、十分苦恼，学习成绩可想而知。

【心理分析】

高三要应对超负荷的学习任务，激烈的竞争带来很大的心理压力，使同学之间的关系更加敏感，再加上集体活动开展得越来越少，彼此缺乏互动，以及竞争气氛无形间增加，这些都使得高三学生的人际心理变得更加微妙。往往很多人都认为高三学习是最主要的，其实，高三的人际关系对学习甚至高考都有很大的影响。良好的人际关系常常让学生身处和谐的气氛中，使人备感温馨、心情舒畅，产生自我肯定的积极情绪，在一定程度上缓解了因繁重的学业负担而带来的紧张与压力感，从而增强学习效率。不良的人际关系则会使学生情绪低落、注意力不集中、思维速度下降等，从而影响学习和考试。人际关系的好坏，直接影响着个体的身心健康。对于高三学生来说，高考是即将面临的一次重要人生体验，此时的人际关系又直接制约着高考的成绩。良好的人际关系，可以为冲刺高考创造一个适宜的环境，对每个高三学生都是至关重要的。

【心旅导航】

一、积极主动地有效沟通

生活中常常存在着误会，关键是我们要有消除误会的能力与办法。如果误会不能尽快解除，就会发展为猜疑；猜疑不能及时解除，甚至可能导致不幸。所以，不要怕耽误学习时间，主动找你"怀疑"的对象开诚布公地谈一谈，以便弄清真相、解除误会。猜疑者生疑之后，冷静地思索是很重要的，但冷静思索后如果疑惑依然存在，那就该通过适当方式，同被疑者进行推心置腹的交心。若是误会，可以及时消除；若是看法不同，通过谈心，了解对方的想法，也很有好处；若真的证实了猜疑并非无端，那么，心平气和地讨论，也有可能使事情解决在冲突之前。

二、不要吝啬你的赞美

人类本性最深的需要是渴望别人的欣赏。

我们每个人都非常关注自己在别人心里的价值的，我们从心底里渴望得到他人的重视、承认、尊重和赞赏。当这种心理需求得到满足时，我们就会有一种很好的感觉，心情愉快，充满信心。高三期间，考试是"家常便饭"，对成绩有进步的同学，特别是你的竞争对手，应该慷慨地给予赞美和鼓励，这样能拉近彼此之间的心理距离，同时，更有利于彼此之间的良性竞争。

但是，赞美并不是盲目的，在赞美时要注意：一是赞美的态度要真诚、大方；二是赞美的内容要明确、具体。赞美的目的是要让对方更清楚地认识自己的长处和特色，悦纳自我，增强信心，所以一定要具体、明确。使用一些诸如"你真好""你真棒""你真出色"等普遍宽泛又没有下文解释的话语，很难达到赞美的目的，反而给人以吹捧的感觉，可能引起误解或让对方盲目骄傲。

在高三紧张的学习之余，试着给同学多一点赞美和鼓励，你会发现你的高三人际关系会更加和谐，你也会有更好的心情投入学习之中。

三、保持平和的心态

心急吃不了热豆腐，如果与同学闹僵了，不要试图让两人的关系很快恢复如初，因为这时双方的心理都处于一种适应阶段；也不要总是旧事重提，希望求得相互谅解；要讲究艺术性，找一些共同话题，时间一长，双方关系的重建也就水到渠成了。

同学关系是最密切、最纯洁的人际关系之一。因为同学之间没有过多的利害冲突，不存在社会上人际关系中那样多的复杂因素。春秋时期管仲和鲍叔牙的关系被誉为同学关系的典范，所以后来人们把同学之间的深厚友谊叫作"管鲍之交"。良好的同学关系可能会延伸到久远的未来，让我们终身受益。

四、寻求第三方支持

如果亲子关系、师生关系、同学关系中有自己无法化解的矛盾时，可以寻求第三方的支持。这个第三方可以是学校心理老师、班主任、科任教师、要好的同学、父母、亲朋等。关键是有了问题后不要憋在心里，防止形成恶性循环。

心理学家戴维森说，快乐并不是一种模糊的、无法形容的感觉，快乐是人类大脑的一种自然状态，随时随地在我们身边。让我们在高三期间学会调整自己的心态，学习经营好各种人际关系，在愉悦、快乐的心情中过好高三的每一天。

【心理小链接】

倾听的重要：从"听"字的结构来看，倾听不仅仅是耳朵自己的事情，更需要眼睛和心灵。

心理学研究发现，在人们的交往过程中，语言所占的比例只有7%，肢体语言（手势、表情和动作等）占53%，说话的语调和情感各占40%。也就是说，其中93%的部分仅仅依靠耳朵是不够的。在交往过程中，倾听意味着对别人的理解和尊重。

师生之间

【案例】

自述：我们的成长离不开老师，老师为了我们可谓含辛茹苦，我觉得我们应该主动与老师亲近，保持一个良好的师生关系，可我却发现，自己尽管内心对老师充满了尊敬，却不知如何去和老师交往，常常是事与愿违、弄巧成拙。我与老师之间似乎存在着一道无形的"堤坎"，总觉得与老师格格不入，甚至觉得老师总是对我要求苛刻，这究竟是为什么呢？

【心理分析】

这类问题属于师生关系中的问题，一般这类问题产生的原因主要是一些同学有封锁心理，面对老师，将内心世界封锁了起来，不由自主地与老师疏远了；有些同学有羞怯心理，胆子小，在老师面前手足无措，遇到问题，宁可不会，也不愿请教老师。同时，有的同学往往把老师看作十全十美的人，一旦老师的一些语言、行为与他理想中的形象不符，就会产生失望心理，不愿与老师交往，甚至产生对抗情绪。甚至有的同学产生怨恨心理：某些同学认为老师要求太严格，束缚了他们的自由，或因为老师曾严厉地批评过他们，便怀恨在心，存心与老师作对，视老师为仇敌。

【心旅导航】

一、培养尊师爱师的真挚感情

老师为了我们健康成长无私地奉献，用心血和爱对我们的灵魂精雕细刻，从老师那里，我们不仅学到了知识，更重要的是学会了怎么做人。我们有什么理由不尊师爱师呢？面对他们有什么好惧怕的呢？

二、客观全面地认识老师

老师也是活生生的人，有自己的个性，更有缺点，学生应客观、全面地评价老师，不能求全责备，不能要求过高，更不能把老师偶像化，老师也是平平常常的普通人。

三、真正理解信任老师

师生间最重要的是相互理解、相互信任，如果对老师抱一颗偏见的心，不信任老师，猜疑老师，师生间就不会有心灵沟通。应该学会理解老师，试着站在老师的角度看问题，尤其是当老师严格要求我们，对我们批评指出过失时，更要如此。每个学生都是老师的"掌上明珠"，我们不能用自己的"小心眼"去度老师的大度之腹。

四、多与老师交流

主动配合老师工作，为老师分忧，而不要回报，真心真意为老师服务。在平时的生活中多给老师一些关心，让老师也能体味到作为老师的点滴幸福。

另外，分析了很多学生方面的原因，但是在师生关系中，难道我们老师就没有需要调整的方面吗？曾经很多老师都可能遇到这样的情况：一直认为自己在学生中的威望很高，可是有一天自己与一名自己曾经教过的学生碰面，这个同学看都不看自己一眼甚至是绕道而行，我们往往会抱怨学生没素质，却没有仔细想想，如果一个学生真真正正地打心眼里尊敬你，他会离很远就打招呼，所以我们做老师的在一些问题上也应该从自己身上找一下原因。

【心理小链接】

你给孩子什么？

批评中长大的孩子，责难他人。

敌意中长大的孩子，喜欢吵架。

恐惧中长大的孩子，常常忧虑。

嘲笑中长大的孩子，个性羞怯。

猜忌中长大的孩子，容易嫉妒。

羞耻中长大的孩子，自觉有罪。
鼓励中长大的孩子，深具自信。
宽容中长大的孩子，能够忍耐。
称赞中长大的孩子，懂得感恩。
认可中长大的孩子，喜欢自己。
分享中长大的孩子，慷慨大方。
诚信中长大的孩子，理解真理。
公正中长大的孩子，极富正义。
尊重中长大的孩子，懂得尊敬。
信赖中长大的孩子，不但信任他人也信任自己。
友善中长大的孩子，不但爱他人也爱自己。

以爱之名

【案例】

小凯是一名高三学生，近来总是闷闷不乐、唉声叹气，学习状态很差，原来，他又和父母发生了争吵。父母和小凯通电话，总是会提到成绩的重要性，抱怨小凯成绩不理想，不努力、不付出。小凯的成绩和父母的期望有较大的差距，小凯只要一听到父母谈论对自己的成绩期望和自己成绩的不理想，就会控制不住和父母发脾气，大吵大闹，亲子关系很僵。小凯很苦恼，自己明明很努力了，父母就是不满意，心里真的很烦他们，不知道自己该怎么办。

【心理分析】

高中生非常在意外界对自己的评价，尤其是高三学生本身就面临着巨大的高考压力，这时候，往往会对周围的人和事比较敏感，尤其是成绩问题。父母对小凯有很高的期望，而小凯成绩并不理想，距离父母的期望还比较遥远，在压力之下触发了他的心理防御，不愿面对因为成绩问题所产生的痛苦、紧张焦虑、尴尬，情绪激动之下与父母产生了激烈的争吵。

【心旅导航】

面对小凯的问题，心理教师首先让他平复一下情绪，然后采用OH卡技术对小凯的状态进行调整。OH卡，心理学上叫潜意识直觉卡，工作原理来源于心理投射，是指个人将自己的思想、态度、愿望、情绪、性格等个性特征不自觉地反应于外界事物或者他人的一种心理作用，是一种奇妙的心理投射测试工具。OH卡一共176张牌，由两组牌组成，其中一组是图卡，88张，包含了我们生活各个层面的水彩画图案；另一组是引导卡，88张，上面有文字，可以作为这些水彩画图案的背景。借助这些不同的图案和文字的组合，可以刺激学生发挥创造力和想象力，促进认知，增强自我觉察，亲近自己的潜意识，从自己的想法里探究到真实的心理，并且可以自我治疗。OH卡也可以说是心灵的镜子，因为用它的人可以借着这面镜子来更看清自己，并整理自己潜意识这个心理仓库，找到解决自己心理困惑的答案。

OH卡用于学生个体咨询的一个很重要的方法是OH卡的自我探索，分四个步骤。一是明确自己最想解决的问题。二是任意抽取一张图卡和字卡，将图卡放在字卡之上，回答你看到了什么；将你所想到的问题和牌相结合，你如何表达？三是再抽取一张图卡和字卡，回答在这件事情上，如果你想改变，你看到的是什么，它给你一个怎样的提示？四是抽取最后一组卡片，它提示你选择一个什么样的结果，该如何去做？

小凯最想解决的是和父母的关系问题。在第一轮抽卡中，他抽到了字卡"奴隶"，图卡是一个人被三个人审讯的画面，这时老师问小凯，将你所想急于解决的问题和卡牌相结合，你会如何表达？小凯心情沉重地说，自己就是图片中被审讯的人，自己的成绩让父母很失望，他们看不到自己的努力，总是在成绩上一再地给自己提要求，自己就像奴隶一样在完成指令，跟他们吵就像是奴隶在反抗压迫，心情很沉重，很不喜欢这种状态。第二轮他抽到了字卡"改变"，图卡是一个成人带着小朋友在玩耍，老师问小凯，你不想这样继续下去，渴望改变，如果你想改变，你看到的是什么，它给你怎样的提示？小凯若有所思，想到了以前和父母在一起无话不说的欢乐时光和父母对自己生活上无微不至的关心，他感觉到很羞愧，说对父母的态度很不对，父母很爱自己，可是自己的态度是那么恶劣，需要改变自己对父母态度上的错误。这时候，老师问小凯，你想改变，卡牌给你的提示是什么？小凯盯着图卡说，我想和父母心平气和、推心置腹地沟通，把自己的真实想法和感受、努力过程和父母好好交流，认真倾听父母的建议，父母会理解我的。老师让他抽了第三组牌，这次他抽到了字卡"希望"和通往家门口的阶梯的图卡。老师问小凯这组卡牌提示你选择一个什么样的结果，你该如何去做呢？小凯很有感触地说，父母对我的关心和支持，能让我对实现自己的理想时刻充满希望，家是温暖的港湾，和爸爸妈妈敞开心扉，能够相互理解，会帮助我战胜在高三所遇到的困难。我爱爸爸妈妈。此时小凯愿意平复情绪静下心来和爸爸妈妈好好沟通。

经过OH卡探索后，小凯约了父母一起到心理咨询室，老师指导小凯和父母根据小凯的实际情况，帮助小凯制定了合理的阶段性目标。合理的目标需要具备"SMART"五个要素——Specific、Measurable、Action-oriented、Realistic、Time-related，即目标是明确具体的、可衡量的、可接受的、现实可行的、有时间限制的。目标实现的过程就是剥洋葱的过程，洋葱的最外面是即时目标，也就是眼下应该动手做的事情，里面一层是短期目标，再往里依次是中期目标、长期目标，最里面一层也就是我们想要达到的终极目标。洋葱要一层一层地剥，实现目标也要一步一步地来，小目标的达成才是对实现大目标最强有力的支持。小凯的父母也愿意给孩子更多的支持、理解和包容，不再只是一味地强调学习成绩，而是更多地和孩子商讨未来的发展方向和学习方法。小凯利用放假的机会就自己的学习生活和爸爸妈妈进行了详细沟通，获得了父母的理解和支持，小凯也能够很好地控制自己的情绪，亲子关系之间的坚冰得以消融。

高三学生和父母之间出现亲子关系问题，往往是因为缺乏有效沟通、彼此不能相互理解而导致的，因此，当教师发现自己的学生和父母关系紧张，影响备考状态情况的时候，不妨提供一个空间，让双方坐在一起，在安静的环境下进行敞开心扉的交流，彼此了解对方的感受和想法，帮助学生制定合理的目标，往往很多亲子矛盾都能得到很好的缓和。

【心理小链接】

在心理学上有一种行为叫作"非爱行为"，是指以爱的名义，对最亲近的人进行一种非爱掠夺。这种行为往往发生在夫妻之间、恋人之间、母子之间、父女之间，也就是世界上最亲近的人之间，以爱的名义进行一种强制性的控制，让他人按自己的意愿去做。

家长期望孩子回报自己，必定导致有条件的爱，条件就是必须服从自己、按照自己的设想去成长、生活。为了保证实现这样的设想、保证得到回报，家长就会想方设法阻挠孩子的独立，包办孩子的一切。有调查显示，95%的孩子都对父母家庭有意见和不满，对老师有意见的则达到了100%。100%的孩子都表示知道父母是"为了自己好"，但绝大部分孩子不认同父母的教育方式。"非爱行为"使父母与孩子无法互相感受到对方的爱。

这种爱是一种带附加条件的爱。很多孩子从幼儿起就常听父母说"你再这样妈妈就不喜欢你了""你乖才爱你"之类的话。这种情况随着孩子长大演变为对孩子学习成绩等的要求，这时候常有"你看××学习多好，你要是像他一样妈妈就高兴了"的话。很多时候，也许家长并没有意识到，对孩子过高、过多地要求就是一种"非爱行为"。"非爱行为"损害孩子身心健康。现在心理亚健康的孩子很多，他们幼小的心灵无法承载父母的过多要求和期望，导致对自己丧失信心，最终失去自我。"非爱行为"弱化孩子能力，许多父母对孩子的过度关爱渐渐变质为操纵孩子的生活，强制孩子按自己的意愿做事，孩子习惯了凡事听人安排后，能力越来越差。

第四节　情绪调控问题

谁动了我的情绪

【案例】

小雯最近一直情绪低落,缺乏学习的动力,虽然自己很想考上一所名牌大学,可就是只想而没有行动。"我也不知道自己究竟是怎么了,生活过得一点动力都没有,好像什么都不喜欢,什么都不想去干!我以前虽然也有过情绪不好的时候,可是没有像现在这样迟迟得不到改善,迟迟调整不过来。我的生活一直过得比较平静,虽然我是一个性格还算开朗的人!我不想像现在这样什么都不干、什么都不想干,所以来进行咨询,看看究竟是自己哪方面出了问题!"

【心旅导航】

突然之间觉得学习没有动力就说明你并不是学习上出现了什么问题,而是其他方面出现了什么问题而你却不知道。你总是把注意力集中在学习上面,因此其他方面出现的问题就对你的学习积极性产生了负面的影响,并且负面影响还表现在你生活的其他方面,比如食欲减退、晚上很难入睡等。影响你心情的原因可能有以下几点。

一、自我实现

你对于现在的学习生活从内心深处感到了失望,现实和想象中有很大的差距,自己以前的那种理想没有得到实现,在你的内心产生了不良影响,理想和现实的差距使你的生活过得没有新意、缺少激情,这是你失去动力的最大原因。

建议:重新找准自己的坐标。人最重要的是给自己定位,也就是说你要清楚自己现在处于一种什么样的情况下,然后给自己定向,要知道自己该干什么,最后努力去干就对了。对于你现在来说就是尽快适应这个环境,另外最好给自己制订一份每天的学习计划,写清楚该以什么样的态度去干,该取得什么样的效果。既来之则安之，与其临渊羡鱼不如退而结网，在艰苦的环境中静下心来为以后的成功打下坚实的基础。

二、交流缺乏

课余活动不丰富，集体活动参加得太少，失去了许多和大家交流的机会。或许你觉得参加活动交流没什么意思，但是不管你交流的内容是什么，只要开口说了，就满足了你心里面对于交流的需要，而这种需要是你有时候意识不到的。你只会感觉好像有什么事情一直忘了做似的，原来是忘了讲话。我们发现话多的人一般性格开朗，较少有心情不好的时候，这是因为交流是一种有效的宣泄不良情绪的方式，把自己心里想说的全说完了会有一种特别轻松的感觉，就是这个原因。交流是几种基本需要之一，而你却因为错误的认识将它压制了，所以你心里面就会感觉不对劲。

建议：多参加活动，多和人交流，多说话。对于别人不要抱一种排斥的态度，不就是在一起聊聊吗，没什么好怀疑的。另外喜欢唱歌的可以大声地唱歌抒发积压在自己心中的不良情绪，还可以多出去走走体验一下一种完全不同的生活方式。多给自己的生活制造新意，把生活中的每件事都当作一种艺术创作去完成，你会快乐许多。心情不好的时候避免一个人独处。

三、安全需求，真正的友情

你说你朋友很少，一方面想认识更多的朋友，另一方面又害怕别人不想跟你认识，这就是心理学家所说的逃避自由与恐惧自由。没有朋友你是自由的，有了朋友却因为过多不必要的担心想逃避这种自由。很多伟人都曾说过友谊对于我们的一生是十分重要的，同时一份真正的友谊也是不容易建立的。古语说千金易得知己难求，因此关于友情要明白以下几个方面：首先，不是随便就能成为朋友的，由于人与人之间有很大的差异，世界观、人生观、价值观的不同使得有些人能够成为很好的朋友，因为他们的共同点比较多，而有些人却成不了好朋友，因为共同点比较少。这就是说我们交朋友并不是不考虑前提只要是个人就一定能成为自己的朋友。其次，交朋友是需要很大的真诚的，不要因为一点点付出没有得到回报就放弃了这份努力。真正的朋友应该是彼此信任、彼此支持的。

建议：敞开胸怀去接纳别人，以一种大度的风采去吸引别人，用自己的人格魅力去征服别人，你会找到真正的朋友的。

四、超越需求，成就感

有时候一个人觉得心情郁闷或许是因为自己从来没有体验过成功带来的喜悦，试想如果你跟身边所有的人没有什么明显的区别也没有什么明显的优势，那么别人也不会对你刮目相看，不会对你格外尊重，只有自己在某一方面格外突出，成为大家眼中的能人专家，大家才会尊重你、佩服你！

建议：多看书、多学习、多想问题，要善于发现、善于思考、善于创造，为使自己成为大家眼中一个了不起的人而努力。比方说你对心理学感兴趣，因此多学，慢慢地学到了一些知识，大家开始问你一些问题找你咨询。你也乐意为大家解决问题，因此你做这件事就很有成就感，所以你感觉很快乐。

人的一生就是一个慢慢成长的过程，从广大意义上讲谁都没有真正长大成人，因为总是有这样那样的问题和烦恼，但正是因为这些问题和烦恼才使我们更加明白自己该怎么做，该以一种什么样的态度去面对人生，是积极快乐还是悲观消极。人都是不愿意选择后者的。名利是身外之物，只有快乐是真正属于你自己的，与其不快乐地过一天何不快乐地过一天呢？暂时的困难算不了什么，跌倒了爬起来一样往前走。乐于助人，心念向善，自种福田！

【心理小链接】

"情商"是"情绪商数"，或者直接用其英文缩写为 EQ。一般认为，情商包括五个方面的主要内容：了解自我情绪的能力、管理自己情绪的能力、自我激励的能力、认识他人情绪的能力和管理人际关系的能力。通俗来说，情商主要是指信心、恒心、毅力、乐观、忍耐、直觉、抗挫折和合作等一系列与个人素质有关的反应程度，主要指一个人运用理智控制情绪和操纵行为的能力。

山不过来，咱就过去

【案例】

小宇读高中三年，一直成绩优异、众望所归，他自己也踌躇满志，认为清华大学志在必得。殊不知，高考成绩出来并不理想，总分比清华的最低录取线少 20 分，与清华失之交臂，小宇不禁感叹命运弄人。他发誓一定要上清华，因此拒绝了其余一流顶尖大学发出的橄榄枝，毅然重返高中课堂。可是紧张学习之余，总抑制不住回想让自己心绪难平的高考。小宇平时最怕别人说自己是"高四"，最讨厌老师和同学把自己和应届生比较，一听到"复读生"这三个字就浑身不舒服，仿佛"复读生"就像是一个深深的、黑黑的甚至是丑陋的烙印，牢牢地刻在自己的心里，挥之不去。每当学习中遇到阻碍，便不禁担忧明年高考如何。

【心理分析】

很多复读生将自己复读的那一学年称为高四，认为这是高三生活的继续。但是"高四"学生的心理压力要远远大于高三，对于他们来说，做好心理调节十分必要。很多复读生在心理上突出的表现是低自信、高焦虑。

低自信：复读生由于经历了高考失败的打击，对自己的知识、能力、精力都产生了怀疑。在家庭中，他们感觉无法面对家长；在周围邻居眼中，感觉低人一等；在同学中间，觉得技不如人。

高焦虑：这几乎是所有复读生的"通病"。最大的表现是考试中的患得患失。复读期间，不管是什么形式的考试，他们都非常敏感，一旦成绩不好，就会非常着急。这种普遍的高焦虑，主要是因为他们的目标比普通高三学生更加明确，考个好学校几乎成了他们的唯一信念。越是这样，他们所承受的压力就越大，而焦虑情绪也越重。

【心旅导航】

一、改变认知，重新定位

高考成绩无论高低，每年都有一部分同学选择复读再考，于是人们习惯称这类学生为复读生。由于人们观念变化，自主择业意识增强，对自己的人生有了更多的选择权，所以，有相当一部分高考生会忠实于自己的内心，执着于自己的人生理想，选择主动放弃"鸡肋式"大学和专业，转而继续在高中奋斗一年，以期待明年"蟾宫折桂"。因此，复读已不再是被动地接受，而是积极人生状态的自然结果。从这个意义上讲，高考复读是勇敢者的智慧选择，是忠于内心执着理想的有志者的凤凰涅槃、化茧成蝶的历练。复读在某种意义上是以退为进，都是为了实现理想目标。今天暂停一小步，明朝成功跨越一大步。所以，高考复读，毫不夸张地说是当代版的韬光养晦、东山再起。

二、接纳现实，让经历成为亲切的回忆

网络有语：神马都是浮云。

普希金说：假如生活欺骗了你，不要悲伤，不要心急……一切都将会过去，那过去了的就将会成为亲切的怀恋。

2008年，北京奥运会田径赛场，刘翔万众瞩目。一声令响，翔飞人折翅，黯然退场，悲怆的音乐响起。谩骂铺天盖地，质疑此起彼伏，刘翔和他的教练孙海平、他的父母承受着来自亿万民众的压力……刘翔处之泰然，配合医师疗伤，配合教练进行恢复性训练。之后，翔飞人重披战袍，席卷赛场，惊艳世人。2012年6月，以世界110米栏排名第一的成绩，时隔五年后重登榜首。假如当初刘翔把谩骂的口水汇集在身，假如刘翔过分看重2008奥运而勉力支撑，"翔飞人"也许就演变成了"翔废人"。刘翔之所以为刘翔，在于对未来有坚定的信念，在于目标执着，在于看淡过去和当前的困难，不让过去成为今天前进的包袱。在困难与挫折面前就要有"神马都是浮云"的淡定，就要有"我是打酱油的"的心态，接纳现实，即使戴着镣铐跳舞，也要笑着跳得最美。无论怎样，承认自己是复读生，正视问题，方能直面现实；撕开伤口，进行清创包扎，伤口才能尽早结痂，直至痊愈。

三、积极行动，你就是自己的主宰

如果你叫山走过来，山不过来，那么你就走过去……这是一个解决问题的方法，也是一种生活的态度。

进入复读，瞻前顾后、患得患失，倘若始终沉浸在过去的阴影里不能自拔，倘若对未来还持消极态度，就会耗费掉自身很多精力，最终导致你越害怕什么结果，害怕的结果反而会呈现。复读的路上重重山隘，没有哪一重山会自觉自动地跑过来，听命于你。你只能去靠近，去逾越，抱着"山不过来，咱就过去"的心态去和"山"打交道。

寓言中有一头著名的布利丹毛驴，它面对两捆干草不知该吃哪一捆好，最后竟然饿死了。我们一定会认为：怎么会有这么笨的毛驴呢？放眼我们复读生，

其中的确有"布利丹毛驴"式的人。布利丹毛驴面临的是选择问题，它觉得哪一捆干草都好，哪一捆干草都舍不得放弃，最终守着两捆干草，哪一捆都舍不得吃，饿死了。

既然已经做出选择，就不要再回首过去了。过去的荣耀与耻辱都与你现在和将来无关，你唯有把握好"当下"，重新进行自我评估和定位，比如将以往的月考、模考成绩相加再除以考试的次数，以得到总分、单科相对真实的水平。发现缺陷和不足后再有的放矢，寻找适合自己的突破途径积极行动，做自己的主宰。

【心理小链接】

子祀和子舆是好朋友，有一天子舆生病了，子祀去探望他。见面时，子舆对子祀说："伟大的造物主啊，竟把我变成驼背模样，背上生了五个疮口，而脸因佝偻而低伏到肚脐，两肩隆起高过头顶，脖颈骨则朝天突起。"子祀问他是不是讨厌这病，子舆悠闲地说："不，我为什么要讨厌它呢？假使我的左臂变成一只鸡，我便用它在夜里报晓；假使我的右臂变成弹弓，我便用它打斑鸠来烤着吃；假使我的尾椎骨变成车轮，我的精神变成了马，我便可以乘着它遨游，无须另备马车了。再说，得是时机，失是顺应，安于时机变化而顺应变化，哀乐自然不侵入心中来，这就是自古以来的解脱。那些不能自我解脱的人，就要被外物所奴役、束缚。物不能胜天，这是不易的法则，当我改变不了它的时候，我为什么要讨厌它呢？"

接纳自己，这就是生活的智慧。

树立目标会减压

【案例】

小奇成绩一般，高三后历次模拟考试均在二本线上，但是高考分数却与二本线相差10分，之前选中的心仪的学校和专业全没用了，为了理想只好复读。可是真正开始复读，才觉"已茫然"，学起来十分吃力，效果不尽如人意，特别是面对自己的"瘸腿儿"科目，简直是不知所措，又联想距来年高考时间并不充裕，学习成绩恐怕很难有大的提升。现实和理想差距太大，畅想未来前程似锦，面对现实心意阑珊，期望和绝望交织，真是"纠结＋悲摧"。

【心理分析】

每年选择复读的学生中有一部分基础比较差，经历了高考，在这个特殊时节，他们迅速成长了、成熟了，知道了大学对自己人生的重要性，而现实已不可改变，只有寄希望于来年。他们有强烈的复读动机和学好的愿望。刚开始复读时，通常这些学生都是一副"志在必得"的架势，"雄赳赳气昂昂"，在没找到高考失利的真正原因前已经开始"承诺"，盲目乐观。其实，偏科问题是中低分档学生复读的重要原因，亟待解决。复读了一段时间后，自身的自制能力差、偏科等一些弱点又会显露无遗。前面是高考的挫败，后面是对未来目标能否实现的担忧，眼前更是如何调整好自己的状态、如何摸索出适合自己的学习方式方法的现实考验。

【心旅导航】

一、正确认识自己的学习现状

遇到困难不可一味地悲观，也不可盲目乐观、自欺欺人，要正视自己的现状，正确认识自己的优点与不足，找到症结所在，在复读的过程中逐一攻克。可以通过列表法认清自己的现状。

例如，列举复读的优点与不足。

复读现状	优势		劣势	对策
	当前	未来		
1				
2				
3				
……				

最大优势－最大劣势＝自信。最大劣势可能在心态、固有的学习模式上，针对不足制订科学的计划，逐一弥补即为对策。

二、树立合适的目标

在一年的复读中，必须有个总体的规划和目标。复读生要清楚自己的起点，明白不同层次的复读生高考提升的空间也是不同的，根据这些给自己树立目标。这个目标一定要适合自己，不要过分苛求自己，否则整个"高四"会一直处于低落与失败的状态。

热播的电视剧《生死狙击手》有如下一段精彩的台词。

问：狙击手是什么？

答：刺客。

问：刺客在瞄准目标后，会想些什么？

答：目标，除了目标还是目标。

问：刺客生活中最多的是什么？

答：寂寞，寂寞。

复读的生活中会有很多的考验，会有更多的枯燥与寂寞，当面对目标想放弃的时候，不妨让自己做一个忍者刺客，锁定目标，心无旁骛，直捣黄龙，完成使命！

三、学会减压

来自社会、家庭、学校等各方面的压力经常压得复读生抬不起头来，这时就要学会自我减压。复读过程中，各种大大小小的考试会接踵而至，每一次考试都有进步是不可能的，复读生要学会正确看待平时的考试，要通过考试检查知识的掌握与运用情况，及时查漏补缺。

自从上了"高四"，很多复读生就远离了操场，其实在这时，更要学会转移情绪，用打球、听音乐等娱乐形式来转移自己的心理焦虑。

很多复读生在复读过程中，常常怀疑自己的复读是否有必要，担心复读一年，高考分数反而下降，浪费青春和精力。这时，就要学会自我安慰：任何一种选择都会有风险，只要自己奋斗过，就不必计较结果，要表现出一种大气与洒脱。

【心理小链接】

有关目标的 SMART 法则：美国许多高科技公司要求每个部门的每个员工都要有自己明确的目标，同时，这些目标必须是"SMART"的。

S——明确的（Specific）：目标的范围是明确的，而不是宽泛的。举例来说，学生不要泛泛地说自己要"学好某门功课"，而是要明确，自己在学习时必须记住多少个方程式、做多少道题，或者背多少单词，这些都要有一个明确的标准。

M——可度量的（Measurable）：目标，不能只是停留在思想上的口号或空话。制定目标是为了取得进步，必须把抽象的、无法实施的、不可衡量的大目标简化成为实际的、可衡量的小目标。一个可衡量的目标应该可以很容易地回答如下问题：如何确认该目标已完成，如何知道自己取得了进步，进步的程度是多少。

A——可实现的（Action-oriented）：目标应当是可实现的，而不是理想化的。虽然我们都倾向于选择有挑战性的、能鼓舞自己士气的目标，但是，如果目标无法实现，那么，它不但没有指导意义，还会起到反作用。因此，考察一个目标是否可实现的方法是：问问自己是否能够实现该目标，自己是否有足够的资源技能和知识，是否需要他人的帮助。

R——结果导向（Realistic）：目标应该基于结果而非基于行动或过程。很多人习惯于把"行动（action）"与"结果（result）"混淆起来。例如，为了达到减肥的目标，"行动"是"开始减肥"，而"结果"是"3个月内减5斤"——显然，真正的目标应该是后者而非前者。如果经常陷入"是否已经达到目标"的困惑，这个目标就一定是没有选择好。

T——时效性（Time-related）：目标应当有时间限制。时效性的要求可以让你明确这个目标是短期、中期还是长期的。有些目标在"可实现"方面看起来似乎有问题，但只要改变其时间限制，该目标就会变得非常现实。例如，"10天内减肥10斤"在短期内可能无法实现，但"10个月内减肥10斤"可能就是一个容易实现的目标了。制定有时间限制的目标时，不妨问问自己："为了完成目标，每隔多长时间就需要评估一次进度？"制定具体目标时，必须了解自己的实际能力。

失眠只是个传说

【案例】

丁丁最近总是失眠,晚上躺在床上就是睡不着,开始还可以命令自己平心静气数鸭子,当数到500、600甚至1000的时候还睡不着就开始烦躁起来,想到明天的精力又是比较低迷,学习状态又不好,想想自己的成绩、理想、父母的期望等,越来越烦躁,越来越睡不着。等到夜里差不多一两点,筋疲力尽、没有力气烦躁的时候才能睡着。丁丁白天总是因为晚上没有休息好而郁闷,学习效率也下降了很多,现在一想到晚上又要开始与"失眠"做斗争,就开始提前烦躁不安。

【心理分析】

很多学生都会在学习压力大或人际关系出现问题的时候失眠,很多同学的失眠只是暂时性的,只是因为心中压抑了一些未表达的情绪和情感而已。而很多学生不太会表达,已经习惯了压抑心中的情感,可是越压抑情绪反弹得越高,导致睡眠问题出现。这种暂时性的失眠如果得不到及时调整,很容易形成一种恶性循环。因为高三学业压力本来就很大,一睡不着就担心第二天没精神学习,就总想睡着,可是越担心就越不容易睡着,精神总是处于担心、紧张和害怕中。结果越担心,并且给自己的都是负面暗示,就越睡不着。这样时间一长,每天睡觉前都很容易担心,最后真的失眠了,形成睡眠障碍了。

【心旅导航】

一、意象对话,释放失眠背后的压力

因为高三学生时间比较紧,不可能做定期辅导,针对这种特殊情况,我们在给学生做心理辅导时,尽量聚焦他的主要问题,使学生能够尽快调整好状态,投入正常的学习和生活中去。在对他们进行心理辅导的过程中,发现意象对话心理咨询技术能够很快地帮助到学生,帮助他们调整好状态。因此,针对丁丁的情况可以让他在放松之后进行磨盘意象对话。磨盘意象象征意义:引导来访者在浅催眠状态中去看磨盘,通常是去了解一个人的压力源及面临的压力,可以帮助其调节压力。磨盘本身的厚度和层数反映压力的大小,推磨人就是自己面临压力的子人格,他的情绪就是来访者的情绪。掀开磨盘是去了解来访者的压力源头。通过意象对话,鼓励他表达情感和情绪,及时放松去缓解心中的压力,可以帮助学生改善这种暂时失眠的问题。

二、改变认知,失眠只是个传说

大部分的失眠都是情绪性的、心因性的,是由于具体生活刺激导致的。失眠带来的痛苦很多时候不是睡眠本身,而是因失眠激发的联想。往往我们越是高度地在意失眠的危害性,失眠就越严重,失眠后的躯体不适感也就越强。如果一个人第二天要去从事一件重要的事,比如考试,前一天晚上他就会告诫自己"千万不要失眠",结果就像应验般的,失眠应召而来。于是他想当然觉得"完了,明天的考试不行了"。这个自我预言式的暗示,结果早上起来,心智就会强行对自己检查一番,立即会发现很多不适症状与体征,暗示进一步加强。结果很有可能是不如意的。

对失眠的害怕正是失眠得以维持的根源,当我们对失眠表现出一种接受的态度,内心就会平和很多,失眠也就轻而易举地被击破了。比如,失眠的时候根本不去想自己会睡不着的事情,随便想一些其他的事情;或者告诉自己"这没什么大不了"。其实失眠真的没什么大不了,研究表明人在连续7天大脑不进行任何休息时仍能保持如平时一样的智力运行速度,而且思考的质量也不会下降。所谓的躯体不适感其实只是生物钟被破坏后的稍微不适加上自己对失眠严重后果的无限联想造成的。

其实失眠也有它存在的积极意义,失眠可能是用脑不卫生,导致用脑过度或者大脑过于兴奋,或者是由于自己为某件事情所困扰,这个时候正好可以利用晚上安静的时间理智地梳理一下。如此平静地看待与接纳失眠后,你会发现自己想失眠都难。让可爱又可恶的失眠永远变成一个传说吧!

【心理小链接】

催眠是另一种意识形态,现在已被广泛应用于心理治疗、医学、犯罪侦破和运动等方面。

催眠过程一般采取这样的步骤:首先,让被催眠的人处于安静舒适的状态,让外界的干扰减少到最少。然后,催眠师要求被催眠的人注意力集中在某些特定的事情上，如想象中的风景、表的嘀嗒声等，催眠师用平和的语言引导或暗示被催眠的人感受和体验，如"放松""你现在感觉非常舒适"等，这样被催眠的人就会慢慢进入完全放松的状态，顺从和接受催眠师的指示去做一些动作或事情，并相信催眠师的描述是真实的。

我要崩溃了

【案例】

小张，一名高三理科普通班学生，虽然同学们都觉得她很文静，像波澜不惊的水面，但同桌不经意的一些话如"这个题目这么容易""这道题你又错了"以及同桌做题速度快等都会使她的内心产生极大波动。小张是一个追求完美的人，所以很多时候不能正视自己，尤其不能接受自我处于劣势的地位（其实她的成绩排名较前，但与她的前五名目标相去甚远），不管是在学习还是在生活上，总是觉得自身优势体现得不够，理想与现实差距太大。平时虽然自己感觉很压抑，却找不到突破口，总是生闷气，"心里堵得慌"。人际关系也不太好，没有什么交心的朋友，心里难过的时候也不知道找谁诉说，经常感到自己处于孤立无援的境地。由于抑郁，经常睡不好觉。高三以来，学习的气氛越来越紧张，越来越让人觉得很压抑，感到自己无法承受这种心理压力，想就此回家调整，否则精神会陷于崩溃。

学生小张的基本情况：今年17岁，高三学生，家住农村，有一个弟弟。父母都是老实巴交的农民，知识文化层次较低，但从小对她特别疼爱，有什么要求一般都会予以满足。她基本上没有受过大的挫折，所以学习和生活一直都比较顺利。在农村生活的日渐熏染下，她养成了吃苦耐劳、谦虚诚实的良好品质。由于家里经济状况欠佳，她也很能体恤父母，在学习上对自己要求很严格，非常勤奋和刻苦。小学和初中成绩一直都非常优秀，被公认为当地的"好学生"，所以也如亲人所预期的那样如愿从农村的中学考进了衡中。进入衡中后，虽然不再像原来那样出类拔萃，但成绩也在全班前10名左右，波动不大，一直较为稳定。由于生性腼腆和为人内向，她从小就不太乐意与别人交流，所以基本上没有什么好朋友。尽管她学习不错，可在同学的眼里，她就像路边的一棵小草一样，默默无闻，引不起大家的注意，她也乐于享受这种清静与孤单，沉浸在自己的个人世界里。用她自己的话来说"我觉得这样挺好的"。

【心理分析】

这是一起由心理压力过大而产生的极度焦虑和压抑，最终无法承受而选择逃避的典型案例，即心理负荷过大而引起的非理性行为。一般来说，心理压力大部分是由生活事件引起的，而对于中学生，尤其是高三学生而言，最大的生活事件莫过于单调枯燥而持续进行的学习，在这种长时间学习过程中出现的学习优势比较浓郁的竞争氛围以及种种心理波动都可能诱发沉重的心理压力。中学时期是个体身心发展的重要阶段，在这个时期，生理上发生急剧变化，出现生长发育的"第二高峰期"。伴随着身体的发育，心理也开始呈现出过渡性、闭锁性和动荡性的显著特点。心理面貌不稳定，变化大，可塑性强，还处于一个"前成熟期"，很容易形成心理压力。当然，客观地说，中学生有一定的心理压力也是正常的。但是如果长期地承受巨大心理压力，心理疾患就将不可避免地产生。因此对她进行心理辅导就是一个提供心理支持，给予其积极的心理关注，使其生活中的不良情绪得到排解和合理的释放，并进而培养其自信心，使其能够积极地投入学习和生活中去的过程。

【心旅导航】

辅导目标：协助小张达到自我认识和自我成长，使不良情绪得到宣泄，调整自我人际关系，进而发展健全的自我，投入正常的学习和生活中去。

辅导手段：认知疗法；行为疗法。

辅导过程：第一阶段，尽可能让小张将压抑的不良情绪体验宣泄出来，老师对其给予无条件的心理关注和尊重。对于内倾性格的人来说，这一阶段具有极其重要的意义，它可以使辅导对象体验到久违的轻松感，使辅导对象在与老师的交流中获得愉悦的情绪体验，通过问题暴露，逐步认识到自身的问题，从而找到问题的症结。在辅导对象情绪好转，并同老师建立了信任、合作、伙伴的关系基础上，开始第二阶段的咨询。在这个阶段，老师主要从自我宣泄、压力转移、人际关系改善等几个方面对其进行有效的心理辅导，使其逐步缓解心理压力，进而保持心态的平衡。

一、正确认识自己，制定恰当的学习目标

正确地认识自己包括正确评价自己。正确评价自己就是要根据自己的实际情况和现实的环境来确定合理的学习目标。一个好的目标可以使人奋发努力，积极进取，并体验到成功的喜悦。要知道，只有在学习过程中获取自我成就感和"高峰体验"，学习才有活力和激情，也才有真正的进步。然而，如果目标过高，超过自身实际能力或完全脱离现实，那么在遭遇到重重困难的时候，很容易产生挫败感。学习时最重要的不是死死咬住预期目标，而是应该在关注它的同时踏踏实实地去把握过程，只要过程圆满了，结果和目标不就水到渠成了吗？

当老师这样疏导她时，她听了若有所悟地点点头。

二、学会自我调适和转移心理压力

由于她的心理压力主要来源于学习过程中的高竞争和高挑战性，它们产生的负性情绪大量积压而没能得到合理宣泄，最终产生强烈的应激行为，所以嘱其在生活中学会自我排解不良情绪，通过倾诉、哭泣、娱乐等方式将内心的负面情绪发泄出来。比如遇到十分难过的事索性大哭一场，将郁闷发泄出来，或者通过活动等多样化生活方式来转移注意力，使心理压力在活动中得到释放和消解。同时合理地安排休息时间，弹性地执行自己制定的作息制度，使生活、学习规律性进行。

听老师谈到这里，她连连称是，承认平时虽然自己感觉很压抑，却找不到突破口，总是生闷气。

三、运用放松技术，解除睡眠障碍

在学习过程中，由于环境的客观作用，使她患上了严重的睡眠障碍，这种障碍又进一步地使她的焦虑水平和意向增强，两者产生交互作用，严重地影响了她的学习和生活。这时，另一个压力源——睡眠障碍的解除就显得极为必要了。为此老师教其学会运用言语和想象做自我放松，想象如"我躺在温暖沙滩上，感到舒服，能感受阳光的温暖，耳边听到海浪的声音，感到温暖而舒适""我感到细沙柔软，阳光温暖，海风轻轻吹着杨柳""我呼吸变慢、变深，轻松暖流，流进我的右手，流进我的肩膀里"等，使精神得到愉悦和松弛。

四、调整人际关系，改变不良社会认知

由于性格上的原因，在学习与生活的过程中，大多数时候她都处于一种相对孤立和与人隔绝的状态，这种孤独感的日益增强直接导致了自我评价的降低，尤其是在人际关系方面，反过来又进一步促使自身变得更加孤独和离群。一般来说，人际关系的不和谐或恶化，是个体产生孤独感的直接压力源，改善人际关系则可以有效消除它的滋生土壤。所以鼓励她注意培养自己生活的乐趣，经常抽出一些时间主动接触别人，逐渐改变自己封闭的生活方式，有意识地参加一些群体活动以获得参与感，从而在潜移默化中与他人融为一体。听完老师的这些话，她紧蹙的眉头渐渐地舒展开来。谈话结束后，她表示以后如果觉得烦闷的时候一定会再来找老师。

经过一段时间的辅导，学生小张逐渐走出了心理阴影，慢慢变得开朗起来，和同学的人际关系也有所改善，对自己有了比较正确的定位，学习能正常进行了。

【心理小链接】

呼吸放松训练需要保持缓慢均匀的呼吸频率，将空气深吸入全肺，然后再全部吐出。这个方法占用场地少，可以随时进行，简单易行，适用于紧急场合。

操作步骤：可以站着也可以坐着，双肩自然下垂，闭上双眼，慢慢做深呼吸，直到胃部鼓起来，这表明已用全部肺呼吸，接下来缓慢地全部呼出来。如此进行五六个回合，每个回合约10秒。

她为什么频频伤害自己

【案例】

她是通过电话跟我联系的，电话里她的声音弱弱的，当她出现在我的眼前时，让我意想不到的是，竟是一个身材有点"壮"的女孩。她留着板寸，穿着一身校服，给人一种假小子的感觉。在心理咨询室，我请她坐下后，内心思忖，这样"假小子"型的女生应该是很阳光的而且在同学关系上搞得很好,她到底会有什么烦恼呢?

我请她坐下后,她并没有像其他学生那样开始滔滔不绝地讲述自己的痛苦,只是冲我笑。

我问她:"你来心理咨询室有什么事吗?"

"老师,我感到不开心,自从上了高三以后,总是不能安心学习,不能集中注意力。"她的语气很轻很轻。

"为什么呢?从什么时候开始有这种感觉呢?上高三以后吗?"我问。

"嗯,以前也偶尔有这种情况,只是现在越来越经常出现了。"

"上高三以来一直都是这样还是断断续续会这样呢?"

"几乎一直是这样吧,就是偶尔放假回家的时候会好一点。"

"你填一下这个测试表吧,"我给了她一张汉密尔顿抑郁量表,"这个量表会在一定程度上反映你的情况,没有好坏之说,你只要凭第一感觉如实填写就可以了。测量结果以及接下来的整个咨询过程都是保密的。"

因为之前给她上过心理健康课,所以她很信任我。抑郁量表结果显示她处于中等抑郁状态,并伴有自杀倾向。

做完测试以后,她就那样直直地看着我,并不像其他同学那样急于说出自己的痛苦。我问一句,她说一句。

我分别询问了她的家庭成员及关系、学习情况、师生关系及同学之间的人际关系。没想到,她竟然都回答很好。我问她为什么会有这种情绪,她回答说她自己也不知道。

这样一问一答多次以后,我还是找不到咨询的切入点,她过来做咨询的目的仅仅是改善情绪状态,可是我发现她现在对情绪的感知有点迟钝,甚至可以说是麻木。于是我对她讲了一些情绪调节和情绪认知的知识后,因为她说自己的身体状态也很不好,并且不排斥就医,所以我建议她到医院去查一查这种状态。

一周以后,她又到心理咨询室来,我询问她的状态和检查的结果,她说检查结果是大脑处于边缘状态。这也进一步证实了我的想法。

对于这种情况，心理咨询只能作为一种辅助治疗方法，还需要药物治疗才能真正起作用。于是，我跟她的家长做了沟通，建议她到专业医院进行治疗，并把她转介给我的大学老师张老师。

本以为事情就这样过去了，一个阳光的下午，我接到了她的电话："老师，我是小丽，我现在很难受，真的不想再活下去了。""小丽你别着急，没有什么是解决不了的，你一定会好起来的。你在哪儿呢？能不能跟老师聊会儿天？""我在操场。"我赶到操场，远远地看到她弱弱的身影。通过聊天，她告诉我，今天由于她母亲非要求她来上学导致她情绪大爆发。我安慰了她一会儿，并且将她的情绪状态告诉了她的班主任。经过协商，我们决定将她交到她父母手中。在父母身边，她会得到更好的监护。

一下午她就待在我的办公室，在我的电脑上下载了漫画故事《寻找缺失的一角》，情绪状态比较稳定。晚上她父母过来接她的时候，她的情绪又一次爆发了：当她看到父亲时，竟然使劲往我的身后躲，就像小偷见到警察般的惊慌。我连忙抱住她，告诉她那是她的父亲，是会保护她、疼爱她的父亲，并不停要求她深呼吸、放松。慢慢地，她的身体开始放松，最后允许她的父亲靠近。

她的父母说，她现在最信任的人是我，但是她对我却从来什么都不说，我通过隐喻故事疗法，将另一个相似的例子讲给她听，她听得很认真，只是微笑着说："一切都很好。"她的心里不知压抑了多少事情、情绪，才会导致现在这个样子。

后来跟她父母反复交流、沟通，她父母将她送到了一家精神康复中心，那里没有压力、没有要求，只有安静。她的精神状态慢慢地好转，春去秋来，第二年教师节，我意外收到了她的短信："老师，祝您节日快乐。我现在很好，请您放心，谢谢您。"看到她的情况有所好转，我感到很欣慰，当初极力建议她父母送她去接受治疗是对的，没有耽误她的成长。

【心理小链接】

抑郁情绪是一种很常见的情感成分，人人均可出现，当个体遇到精神压力，如挫折境遇、突发事件时免不了出现抑郁情绪。沮丧、忧郁时人们往往寝食难安、长吁短叹，对自己感到失望，感到头脑也变笨了。但是，这种情况一般经过一周左右的时间就能恢复正常。有少数人长期处于抑郁状态,并伴有严重的躯体不适和行为改变,这时的抑郁已经转化成病态情绪,即抑郁症。抑郁症是一种以持久的心境低落为主,并伴有认知和行为改变的精神疾病,主要表现为兴趣淡漠、消极被动、悲观绝望、不能适应现实生活,抑郁症的确诊需要经过临床上的检验。

第五节　自我意识问题

我的同桌总学我

【案例】

小文，女生，高二，成绩上游，学习状态一直不错。一次考试之后，班主任重新调整了座位，小文被安排到比自己成绩稍差些的同学旁边，从此，她的心绪就完全被新同桌打乱了，上课心烦意乱，自习效率低下，平时小测成绩直线下滑。为此，小文申请调换了座位，和一个成绩更不如她的同学成了同桌，没过多久，这种现象又出现了，小文又开始烦躁和恐慌，学习注意力不能很好地集中，并且总是担心下一次考试会考砸。她不好意思再向老师提出换座位的要求，认为自己很自私，从而很厌恶自己，这更加剧了她的烦躁，焦急之余，她想到了心理老师，于是主动来到心理咨询室。

【心理分析】

经过了解得知，小文的同桌们都比较崇拜她，并且大家都非常上进，在一定程度上确实对她的学习方式进行了学习和效仿。小文对这种效仿感觉很别扭，后来总是想转头看看同桌是不是又在学自己，导致注意力涣散，学习效率降低。

小文之所以会产生烦躁的心理是因为她认为同桌在效仿她的同时，学到了自己的学习方法，自己的秘诀被别人窥视和学走，从而丧失了独创感和优越感。

小文存在"不如我的人不能超过我"的认知，不能做到以正确的态度去面对竞争，不能以很平和的心态去面对竞争，尤其是不知如何去面对身边人的竞争。

【心旅导航】

一、采用心理暗示

给该生这样的建议，采用心理暗示的方法：①只有适合自己的学习方法才是科学的学习方法，每个人都应该按自己的情况来调整学习的方法。②保证做题的质量，做题速度快不等同于正确率高。③在桌子上贴一句勉励自己的话，如"关注我正在做的事情"，提醒自己多关注当下，避免注意力分散。④制订详细、可行的计划表，充分利用每一分钟，不给自己空余时间去关注同桌。

二、积极沟通

人都有向榜样和标杆学习的欲望，所以同桌的效仿也是出于崇拜和好奇。建议小文和对方诚恳地谈一谈事事效仿带来的不舒服的心理感受，并且经常与同学共同分享、探讨交流成功的策略，在学习中互帮互助、共同促进。

三、合理情绪疗法

合理情绪疗法的步骤如下。

首先向小文解释她现在这种状态并不是由事件本身引起的，而是由于她对事件的看法、信念而造成的。接下来，要求小文与她的不合理信念进行辩论。这一步需在老师的提示和帮助下进行，以便更好地发生改变。

老师：你平时参考其他同学的学习方式吗？

小文：参考的。我认为好的学习方式我也会学习，比如生物，在考前我会把知识点全部默写一下，这就是跟旁边一个同学学来的。

老师：是否只允许你学习别人的方法，而别人却不能学习你的？

小文：嗯……那不一定。

老师：你认为一个人在学习中只进不退吗？

小文：这种可能性很小吧，不可能一次也不退步吧。

老师：是否别人都可以退步，而你却不能有？

小文：……不是。

老师：所以嘛。那你怎么看待竞争？

小文：我觉得在咱们学校这样优秀的同学中，肯定是要有进有退的，我也一样，不可能不受挫折。退了就找原因，争取以后超过他们。

老师：那么，将来参加高考的不会就只有你和你的同桌吧？

小文：老师，你在开玩笑吗？每年高考都好多人啊，全河北、全国好几百万人呢！

老师：对啊，和你竞争的有那么多外校、外市、外省的人，那自己的同桌、同班同学是你的战友啊，大家只有互帮互助，形成良好的班风、学风，共同分享成功的秘诀，才能抵御那么多外部的竞争啊！

小文：……老师，我想通了，我和我的同桌、身边的人都是战友，我要和他们互相分享、互相帮助，光明、积极地去竞争，也不能时刻防范着身边的同学，我觉得我的眼光应该放远些。

经过一系列的质辩之后，小文很释然，松了口气。老师又帮助小文回顾、总结归纳了合理的思维方式，以便强化刚才的质辩结果，用新的信念引导积极情绪和积极行为的产生。

1. 适合自己的学习方法才是最好的，每个同学都有权利进步。

2. 自己没有任何理由永远比别人优秀，人外有人，天外有天，一次的考试失利也不能证明自己永远都失败，不能证明自己就是个失败者。

3. 丛林里的大树之所以会比平原上的树木要挺拔粗壮，是因为它有和别人竞争的机会，只有竞争才能激发人的潜能，人才会变得更加优秀。

4. 要直面来自身边同学的竞争，共同分享、互帮互助，一个人帮助了别人之后自己的知识掌握也会更加牢固，适合自己的学习方法才是最好的。

最后，小文展开了紧皱的眉头，轻松地走出了咨询室。我相信，她会走出一个自信乐观、阳光积极的未来。

我怎么变笨了

【案例】

张梅对学习一点信心都没有了，自从上了高三，好几次月考成绩一点提高都没有反而有下降的趋势。她经常想，我平时学习很认真，也一直在抓紧时间复习，为什么我的付出就得不到回报呢？是不是我现在的脑子变笨了，不行了，记不住东西了？以前学的东西都忘了，感觉脑袋里一团糨糊。现在都已经是二轮复习了，长久下去，我还怎么参加高考呢？

【心理分析】

张梅在复习过程中会出现的这种波动或停滞状态，心理学上把它称为高原现象，特别是在二轮复习的时候。出现这种情况，很多学生认为是智商问题，认为自己比别人笨，从而自信心严重受挫，因为高考临近，紧张、焦虑、烦躁的情绪也随之产生。

【心旅导航】

一、改变认知，重新认识高原现象

很多学生对高原现象存在认知上的偏差。对于这样的学生，我们首先需要做的不是单纯的学习方法指导，当务之急是改变其错误的认知。

1.高原现象是压力过大导致的大脑疲劳，并不等于你的学习能力没有了，更不是你所学的知识没了、丢失了。

2.高原现象是学习中必经的一个阶段，当高原期到来的时候，不惊慌，不害怕，不急躁。这时候只要再坚持一下，多做自我激励，增强信心。

3.当我们出现高原现象的时候，这种现象也正是在提醒我们，需要对自己当前的学习状态和学习方法进行调整。学习中存在低效的情况，我们需要改变。学生只要改变了对高原现象的不合理认识，就会重拾信心，有勇气面对学习中遇到的挫折与考验。

二、坚定信心，积极改变

高原现象是学习中必经的一个阶段，当高原期到来的时候，不惊慌，不害怕，不急躁，就像运动员长跑中会出现极点一样，这时候只要再坚持一下，多做自我激励，增强信心，告诉自己，这是黎明前最黑暗的时刻，只要坚持过去就会成功。

理性看待自己目前的状态，积极寻求解决之道，总结自己学习中的学习方法，可以向老师和了解你的同学寻求帮助，共同找出学习方法中需要改变的部分。也可以每天给自己一个积极的心理暗示，告诉自己一定能行。每天做一件让自己很有成就感的事情。

三、降低心理疲劳程度，注意身心放松

出现这种情况，多和同学交流，你会发现很多人的学习中也曾经出现过这种情况。真诚地与他们沟通交流，你会发现，收获很多好方法的同时，也收获了友谊。

四、小目标激励

将自己的长远目标分为若干个小目标，一段时期内，只是专注于小目标能否实现，而不去想大的、长远的目标。

我不想再做"软柿子"

【案例】

小张，高一男生，从小生活在一个农村家庭，有一个哥哥和一个姐姐。父母感情一直不好，稍有不顺心的事情就拿孩子出气，虽说不打孩子，却用很难听的话来咒骂孩子。在这样的环境里，小张养成了怯懦的性格，加上说话不是很顺畅，因此，在学校里，成了被同学们捉弄取笑的对象。初二的时候，发生了一件让他至今都无法释怀的事情：同宿舍的一个男生在另外几个男生的起哄下，把小张的裤子扒下来，并且，在班上大肆宣扬了这件事情，使得学校很多人都知道了他的遭遇，这让小张又羞辱又气愤。很长一段时间，一些同学碰见他都会说这件事，让小张抬不起头。迫不得已，父母帮他转了学校，但是，小张却一直没办法忘记这件事，时不时在脑海里浮现出来，因而注意力无法集中在学习上，初中毕业后只考了个自费生。

到了高中，换了一个全新的环境，没有人知道他的过去，小张很想改变自己怯懦内向的性格，因此，班干部竞选的时候，小张鼓起勇气报了名，并成功地当上了劳动委员。可是，小张的怯懦与软弱在给同学安排劳动任务的时候暴露无遗，有些同学以各种借口不服从、不配合，每次劳动都弄得小张顾此失彼、焦头烂额，常常自己收拾残局。因为多次没能及时完成班级的卫生打扫任务，使得班级被扣分，班主任对小张的工作很不满意，小张自感吃力而不讨好。不但如此，因为小张的软弱可欺，宿舍同学常常指派他帮忙做这做那。小张感觉

到在这个班级里同学不喜欢自己,老师也不喜欢自己,待在这里实在没意思,故而想退学,但内心确实又很想读书,很想改变自己,不想再做任人揉捏的"软柿子"。

【心理分析】

小张的怯懦性格形成的原因如下:首先是父母口无遮拦的随意辱骂,让小张感觉到自己一无是处,是不受父母喜欢的人,因而从小就自卑退缩,在父母面前逆来顺受,从不敢有半句争辩。其次,在与外界接触的时候,小张躲躲闪闪、手足无措的极不自然的神态及不顺畅的言语表达,使别人很容易看出他是一个被欺负了也不敢反抗、可以任人揉捏的"软柿子",从而招致了别人对他的颐指气使。周围人的态度强化了小张的怯懦,形成了恶性循环。

【心旅导航】

要想成功地帮助小张改变,让他成为一个自信果敢的人,需要一个比较长时期的指导、训练,因此可以从以下几方面着手。

第一,对小张比较强烈的改变自己的愿望、敢于争取锻炼的机会并开始实施改变自己行动的表现,心理老师给予充分的肯定,以坚定小张改变自己的决心。

第二,帮助小张理解个性的形成不是一朝一夕之功,需要比较长的一段时间来磨砺,其中必然会遇到困难与挫折。但每战胜自我一次,就会成长一分,从而激发小张敢于面对困难的勇气。

第三,引导小张跟过去做个彻底的告别。不管父母或者是其他伤害过自己的人是出于无意还是恶作剧,都已经是无法改变的事实。但是,一个人会成为什么样的人,不是由别人的评价来决定的,而是完全取决于自己怎么来面对自己的生活。要想成为一个快乐成功的人,最重要的一点就是不沉湎于过去,一直向前看。正如爱默森所说的那样:"每一天过完了也就过去了,你已经做了你所能做的一切。其中会不知不觉地混进某些错误和愚蠢的言行,尽快地忘掉它们吧!明天是新的一天,让我们以愉快、宁静、高昂的情绪开始新的一天吧,这样你过去的蠢事就无法拖累你了。"

第四，提供具体的方法指导。

1.学会积极的自我暗示。有人曾说："一切的成就，一切的荣誉，都始于一个意念。"说得通俗一点就是一切的成败都始于心理暗示。因为心理暗示是一种启示、提醒和指令，它会通知你注意什么、追求什么、致力于什么和怎样行动，从而支配和影响你的行为。性格怯懦的人，习惯于否定自己，总觉得自己比别人差劲，事情还没开始做，脑海里就已经出现失败的场景了，而这种消极的自我暗示，会破坏和干扰人的判断，导致认知失调、抑制信心，增加紧张的情绪，使正常的行为瓦解，结果真的"心想事成"了。

因此，性格怯懦的人要改变自己，第一步就是要停止这种消极的自我对话方式与想象，并用积极的自我暗示与积极的想象取而代之。心理老师指导小张把自己想要成为什么样的人用书面语言具体描述出来，越详细越好，贴在自己容易看到的地方，经常重温。每天睡觉前进行一段积极的自我对话，在内心坚信自己有能力，可以成功，是能够获得别人的喜欢与尊重的，并想象自己果敢、自信地处理事情的样子，把有益于成功的积极思想和感觉撒到潜意识的土壤里，最终成为自身的行动导向。

2.训练口头表达能力。我们的思想感情最主要是通过言语表达出来的，我们与别人的交流、沟通也主要是借助于语言这个工具。在日常生活交往中，人们更多的是使用口头语言，所以，口头语言比书面语言起着更直接、更广泛的交际作用。言为心声，一个人的内涵，往往是通过言语外显出来。清晰、准确、严密、流利、文雅、生动、形象的口头表达能力，不仅可以树立自己良好的形象，获得好人缘，也有助于增进人的自信心。

性格怯懦的人，往往也是口头表达能力欠佳的人，说话声音小，语句也不通畅，词不达意，表达不清，让人听得十分吃力，妨碍了他们跟别人进行正常的交流沟通，小张这方面的缺陷很突出。因此，心理老师建议小张利用每天的早晚读时间，尽可能大声地朗读课文，先做到口齿清晰、说话流利，再做到能把课文表达的思想感情正确表现出来；每天利用10分钟的时间在校园的清静角落就学习或生活上的问题与一个自己假想的对手互换角色进行对话（比如，别人向自己提出不合理的要求怎么拒绝，如何争取与保护自己正当的利益，等等。开始由心理老师帮助进行，以后定期检查对话的书面记录，发现问题及时反馈）；利用每周外出购物的时间，尽量多向陌生人问路，与商贩砍价或者问一问生意情况，以锻炼自己的胆量；见到认识的人主动打招呼，攀谈几句。另外，平常要多看一些《演讲与口才》《青年文摘》《读者》《做人与处世》《格言》《哲理》等杂志，把一些精彩的名言警句和哲理故事摘录下来，丰富自己的思想内涵，这样内外兼修，表达能力就会提高。

3.争取班主任的支持与配合。性格怯懦的人，如果在跨出改变的第一步时，能取得成功的体验，就会激励他再进行下一步的改变，这样良性循环的结果，最终会重塑他的性格。若第一次改变失败了，可能会令他退缩回去，再也不敢尝试了。

班级劳动委员是一个很锻炼人的角色，每天都需要安排、检查清洁卫生工作，是所有班干部中最吃力却不讨好的一个职位，需要比较强的组织管理能力与比较高的威信才能使工作顺利进行。小张的班主任对小张的性格特点与能力缺少了解，指导得不够，在问题出来之后又没有得力的措施来协助小张更好地开展工作，致使小张经受了一次次失败的打击，好不容易鼓起的要改变自己的勇气也慢慢消失。

因此，心理老师征得小张的同意，与他的班主任进行了沟通，让班主任多给小张一些鼓励与支持，共同配合来促进小张完善自己的性格。班主任保留了小张的劳动委员职位，指导小张在安排劳动时，责任落实到小组长，再由小组长落实到每一个同学，做到责任到人，各司其职。如果有同学没有完成自己的任务，在劳动委员检查督促都无改进的情况下，班主任要及时对相关同学进行批评指正，并使其受到相应的处罚。如此一来，小张的工作阻力就大大降低了。

此外，还对小张进行了一些人际关系的指导，使他能够以比较得体的言行举止与他人交往，以逐渐得到他人的接纳与欢迎。经过一个多学期的实践锻炼，小张变得日益自信开朗起来，学习成绩也有了较大的提高。

我为什么总想重复

【案例】

小刘，男，复习班学生，入校10天。自述在高三下学期时，在原来就读的学校即出现了对学习中的一些数字、公式反复思索、追根溯源，明知毫无意义但无法控制的现象。思维经常纠缠在此物理公式是如何产生的，数字1、2、3是如何产生的等一些类似的缺乏实际意义的事物上。最近几天更是连自己原本擅长的英语阅读也继续不下去，原本熟悉的英语单词现在回想不起来是什么意思，刻意控制反而更厉害。得知心理咨询中心的地点后，小刘主动预约咨询。

【心理分析】

根据该生描述的自我状态，如对学习中的一些数字、公式做无现实意义的且无法控制的反反复复的思考、追根溯源的现象，初步诊断为强迫性穷思竭虑。强迫性穷思竭虑一般出现在学习压力较大、好胜心较强、自我要求严格、性格内向不善言辞的学生中。这名学生出现这种症状的时间为原高三下学期几次考试成绩不理想的时候，跟学习压力、精神压力、用脑过度有很大关系，在原高三没能得到很好的解决，导致高考成绩不理想，且一直持续到了现在。

【心旅导航】

一、心理上接纳

首先要明确任何症状的产生都是有其原因和存在的意义的，该生之所以是在原高三下学期出现此症状，最主要的原因就是高三下学期临近高考，精神压力增大，学业日益繁重，用脑不科学，成就动机过强。症状产生后首先要做的就是心理上接纳它的出现和存在，要认识到，这是自己精神压力过大的产物，只有接纳症状的存在，才能腾出精力去改善和调节，否则如果只是一味地抗拒症状的出现，抗拒、拒绝，或者抱怨、无奈等负面情绪就会占据人的主要精力，就没有过多的精力去进行积极改善、心理调节了。

二、运用森田疗法进行自我干预

此症状需要心理医生治疗，也需要心理咨询进行调适。要认识到，由症状出现而产生的痛苦并不是什么特别的东西，只是因为自己的过分关注而愈来愈重，如果能主动地做些事，它就会自然地减轻。此症状不可能马上消失，要努力做到和症状和平共处，要接纳症状的出现，尽可能地去正常工作、学习、成长。要在学习中树立小的目标，做小事，得到小的快乐，在实际的工作学习中得到成就感，逐步恢复自信心，才能真正地治愈。森田疗法的理念是"身入深山不见山"，就是说当你进入痛苦之中，对其听之任之，不以为然时，就会感受不到自己当初感觉到的那些痛苦。

三、中断强迫思维

当出现思维强迫时，可以采用转移注意力等方法进行中断或者转移。比如，出现症状时可以默念"我要关注当下""我要做好手头的事情"等对自己进行积极的心理暗示。

【心理小链接】

森田疗法：森田认为发生神经质的人都有疑病素质，他们对身体和心理方面的不适极为敏感，而过敏的感觉又会促使其进一步注意体验某种感觉，这样一来，感觉和注意就出现一种交互作用。森田称这一现象为"精神交互作用"，认为它是神经质产生的基本机制。森田疗法的基本治疗原则就是"顺其自然"。顺其自然就是接受和服从事物运行的客观法则，它能最终打破神经质病人的精神交互作用。做到顺其自然就要求来访者在这一态度的指导下正视消极体验，接受各种症状的出现，把心思放在应该去做的事情上。这样，来访者心里的动机冲突就排除了，他的痛苦就减轻了。

为何我总是莫名地烦躁

【案例】

自述：高考一天天临近，我发现自己的情绪越来越不稳定，心情烦躁，容易发脾气，对很小的事情也容易发火。总是觉得同桌在干扰自己学习，每次自己想安静地学习的时候同桌都问问题，导致和同桌关系紧张。在宿舍由于担心睡眠不好会影响学习，就强迫自己入睡，结果对同宿舍内打鼾声、翻身声非常敏感，常常难以入睡，结果白天没有精神，注意力难以集中，进而对同宿舍的同学有怨言。平时做题时遇到难题或者考试时有所退步，就会担心、恐惧，害怕高考考不好,结果又加深了自身的紧张程度。对平时考试的名次非常在乎,致使想在调研考试中考好的欲望非常强烈,而结果总是事与愿违。

【心理分析】

越是临近高考,一部分学生由于压力过大、紧张过度、考试动机过强,很想为自己营造一种安静的学习环境以使自己静心学习,但越是这样想越容易受到外界因素的影响,对身边同学的咳嗽声、说话声甚至翻书声等这些看来极为平常的声音非常敏感,经常导致自己心情烦躁、学不进去,进而导致了人际关系的紧张。所以,在高三的后期,要求调换座位的学生很多。同时由于压力过大,休息时躺在床上难以入睡,又联想到如果休息不好会对自己的学习产生很大的影响,于是强迫自己入睡,而越是这样做越是睡不着,听着同学的打鼾声、翻身声就开始烦躁,把休息不好的原因都归结到同学身上,进而也导致了人际关系的紧张。此外,由于对考试持有不正确的态度,考试动机不纯,导致了考试结果与愿望不符合的结果。

【心旅导航】

上述问题是大部分面临高考的学生普遍存在的一类问题,要解决这部分学生的问题,首先要让他们明白引发问题的原因,即这些所谓的人际关系紧张并非真正意义上的同学间的矛盾问题,而是学习压力的一种"副产物"。同时引导学生通过合理的途径调节自己的不良情绪,可以利用课余时间做一些运动,如跑步、打球等以缓解自身压力,或是找老师、同学倾诉以放松情绪等。休息时不要强迫自己入睡,偶尔的失眠不会对学习产生太大的影响,如果不能很快入睡,不要着急、烦躁,可以平心静气地回顾一下白天的学习,慢慢使自己平静下来。早晨起床时马上暗示自己心情愉快,并试着使自己微笑,这样有利于一天的好心情。越是临近高考,教师越不宜在教室内过分渲染紧张的气氛,应多激励学生,给学生鼓劲儿,增强学生的自信心,尽量在班级营造轻松向上的氛围。

其次,引导学生对待平时的考试要有正确的认识,努力做到"不以进步喜,不以退步忧",应该从考试中收获更多积极的东西,培养平和良好的心理素质、良好的应试能力,给自己及时地定位、及时地查漏补缺。平时考试错得越多,暴露的问题就会越多，问题被解决的机会就会越多，高考时出现新问题的概率就会越小。因此，应该感谢平时的每一次考试，要对平时考试中遇到的困难或挫折持有一种积极的态度。

【心理小链接】

如何调节烦躁的情绪？

1. 音乐调节法。紧张时听一些舒缓的音乐可以放松心情，伴随着美妙的音乐想象自己的愁绪如风，不见了踪影。

2. 体育活动调节法。如果心烦意乱，看不进去书，就不要强迫自己坐在书桌前，到操场上跑跑步或做些伸展肢体的运动，使神经放松一下。

3. 睡眠调节法。感到学习紧张时可以稍事休息，给大脑放松的时间。

心动不如行动

【案例】

他是一个对自己要求很高的人，总想自己做的事情能够给周围的人带来帮助，也总想成为一个自信成功的人，但是，每次的想法和现实总是差距很大，总想把握住机会，但是机会来临时却又开始犹豫、退缩，甚至是很容易逃避困难，很容易放弃，但是放弃后却留下无尽的遗憾。他自卑却又追求完美，想追求的很多但是得到的很少，憧憬的很多但是自信心却越来越少，总想等到自己状态更好的时候再去做事情，但自信的状态却迟迟不来。

【心理分析】

这种不自信源于对自己的不合理定位和对自信的不正确理解。人只要正确认识自己，能全面地看待他人和自己，就会感觉自己没那么差。你只要将做不好的事反复多做几次，你就会慢慢熟悉，事情就能完成得很好。多给自己鼓励，相信自己可以做好。自信不是天生的，而是后天培养的。人不能一遇到困难就退缩，要勇敢面对，多一点尝试，多一点乐观，多一点微笑，一定会更有自信。

【心旅导航】

一、目标确定之后，立即行动

开始的时候，你或许感觉到自己不是很勇敢，也不是很自信。然而，只要你连续不断地努力，你必将生发那种感觉并变得自信，它将直入你的灵魂深处，每次行动也会增加你的自尊心和自信心。你再也不会坐着、等着，渴望奇迹发生，你本身就是奇迹的创造者。随着自尊心的增强，你就会意识到自己的梦想是可能实现的。

二、客观评价自己的能力，发掘未被开发的潜力

罗伊·加恩指出："普通人只开发了他们潜在智能的一部分。"也就是说，我们还远没有运用自身全部的能力，我们内心还有巨大的潜力未被开发出来，我们还可以做更多的事情，成为更成功的人，认识到这一点非常重要。

三、发现相信和支持你的人

当面对挑战的时候，即使你得到了态度积极的人的支持，你也很难始终保持积极的态度。而当你将你的梦想与消极的人联系在一起时，则意味着你的梦想已注定死亡。许多成功人士根本没有时间与消极的、不支持他们的人打交道。有时你可以较为容易地从一个完全陌生的人那里得到支持。陌生的人对你能做什么，不能做什么没有任何的偏见。每个人都需要有人相信自己，而那些与你关系最为密切的人可能不是最佳的人选，关键是你要找到合适的人。

四、从失败中学习

每件事的发生都是有原因的，而且这些原因最终会为你服务。你遇到的每一个困境都可能得到同等或更大的收益，而一旦你有了这种信念，你就会情不自禁地从这种经历中学习，而且还能促使你对未来充满希望。

五、坚持自己的信念，不盲目服从一切指示

任何人做事情都可以先征求别人的意见，但是最后做或者不做，还得由自己来决定。当你有自信的勇气时，你就做你认为对的事情。

对于你的梦想能否实现，真正有影响的是你自己的观点。征服畏惧，战胜自卑，不能夸夸其谈、止于幻想，必须付诸实践、见于行动。建立自信最快、最有效的方法，就是用行动来增强你的自信。